南京财经大学
粮食安全与战略研究中心

2023年 第 2 辑 VOL.9 NO.2

粮食经济研究

FOOD ECONOMICS RESEARCH

赵 霞 主编

经济管理出版社
ECONOMY & MANAGEMENT PUBLISHING HOUSE

2023

粮食经济研究
FOOD ECONOMICS RESEARCH

主　管　单　位：南京财经大学

主　办　单　位：南京财经大学粮食安全与战略研究中心

　　　　　　　　南京财经大学现代粮食流通与安全协同创新中心

学术委员会主任：朱　晶

编辑委员会主任：程永波

主　　　　　编：赵　霞

副　主　　编：易小兰

编辑部主任：刘　婷

值　班　编　辑：韩经纬

编辑部地址：南京市鼓楼区铁路北街 128 号南京财经大学福建路校区

邮政编码：210003

编辑部电话：025-83494738，025-83495947

编辑部邮箱：lsjjyjjk@163.com

编辑部网址：http://cfsss.nufe.edu.cn

粮食经济研究
FOOD ECONOMICS RESEARCH

学术委员会

粮食经济研究

FOOD ECONOMICS RESEARCH

编辑委员会

粮食经济研究

FOOD ECONOMICS RESEARCH

2023 年 11 月出版　　　　　　　　　　　　　　　　　2023 年第 2 辑

目　录

普及科学的粮食安全观：必要性与可行路径[①]
——由小麦青贮售卖事件谈起

武舜臣[1]　　王兴华[2]　　李佳昌[3]

(1. 中国社会科学院 农村发展研究所，北京 100732；

2. 山西农业大学 农业经济管理学院，山西 太原 030031；

3. 西南大学 商贸学院，重庆 402460)

摘　要：小麦青贮做饲料是青贮饲料少量短缺时的临时性补充，属正常市场行为。然而，正常的小麦青贮行为却一度引发社会的强烈反响，有关部门的政策干预更是将这场争论引向高潮。本文立足粮食丰收的现实节点，在事件全程回顾的基础上提炼事件发生的可能逻辑。研究发现，全社会层面的粮食安全认知模糊和国民层面的粮食现状认识不足是导致小麦青贮事件发生的深层次原因。其中，国民层面的认知模糊和认识不足放大了舆论的影响力，有关部门的认知模糊更是引发了政策制定的失误。基于以上判断，确立并推广普及适合当下国情粮情的粮食安全认知势在必行。对此，理论界应重新梳理现有的粮食安全观转换目标，尽快提炼出符合现有国情粮情的、逻辑自洽的、可供推广普及的粮食安全认知，力争杜绝类似事件的再次发生。

关键词：小麦青贮；粮食安全观；认知模糊

一、引言

明晰且符合国情粮情的国民粮食安全认知是确保一国粮食政策合理走向的基础和前提。鉴于粮食问题的极端重要性，政府向来高度重视粮食安全，逐步确立了以粮食增产为核心的传统粮食安全观（谢扬，2001）。在粮食供不应求的年代，传统粮食安全观在解决"吃得饱"问题上发挥过重要的指导性作用，也潜移默化地支撑了近年来粮食生产的持续丰收。国家统计局数据显示，2022 年全国粮食总产量达 13731 亿斤，粮食产量连续 8 年稳定在 1.3 万亿斤以上。

在粮食不断增产和主粮消费比重持续下降的共同作用下，中国粮食供求关系由供给不足向供求结构性矛盾转变，这引发了理论界对粮食安全观转变的强烈呼吁（武舜臣和胡冰川，2022）。而后，"确保谷物基本自给、口粮绝对安全"的新粮食安全观于 2019 年正式提出。相比于传统粮食安全观，新粮食安全观虽赋予了粮食安全观粮食生产能力的内涵，

---

①　收稿日期：2023-04-23。

基金项目：国家社会科学基金青年项目（编号：18CJY035）；国家社科基金重大项目（编号：21ZDA054）。

却未对理论界提倡的扩大粮食口径、重视粮食品质、保护生态多样性等诉求给予回应（武舜臣等，2022）。如此做法不仅引发了理论界对粮食安全观转变的更多讨论，还提高了大众对粮食安全观的认知难度：毕竟，把握一个始终处于动态调整中的概念是一件充满挑战的事。在不具备清晰且统一的粮食安全认知的情形下，任何的粮食市场波动都极易引起公众的误解（朱满德等，2018）。此时笼统的粮食安全观不仅不能科学指导粮食政策制定，还可能造成战略误判（黄季焜，2021）。2022 年 5 月因小麦青贮饲用引发的系列社会讨论就发生于这一背景下。

所谓小麦青贮事件，是指 2022 年 5 月，因农户售卖青贮小麦而引发的社会讨论。客观而言，割青麦作饲料是一种青贮饲料短缺时养殖企业的正常市场行为。在粮食供给充足的前提下，这种行为不仅不会危害到国家粮食安全，还能降低自然风险及市场风险对麦农种植收益的不利影响。

正常市场行为引发争议的背后有两类内在逻辑：一是客观环境下的粮食供求紧张。此时，温饱是要解决的第一要务，效率目标也要让渡于产出目标。粮食作为最基本的食物来源，优先高于饲料转化的肉类。二是粮食供给充足的前提或被逆转。小麦青贮转饲用意味着小麦产量的下降。如果小麦青贮饲用大量发生，小麦的产量将受到强烈冲击，大幅度下降的小麦产量会扭转粮食供给充足的现状，对粮食安全目标形成冲击。

然而，现实却是另一番景象：粮食供给尤其是小麦供给是充足的[①]，同时，大面积青贮小麦饲用不会发生。因此，事件发生的背后或有前述逻辑之外的其他因素。对此，本文将探讨这一事件的背后原因，为避免上述问题的再次发生提供依据。

二、小麦青贮事件中的主体行为

2022 年 5 月前后发生的小麦青贮事件中，有三类主体起到了较为重要的作用。这三类主体的行为选择决定了事件的最终结果。

（一）交易双方

在小麦青贮事件中，买卖双方是直接的当事人，也是对该事件具备微观层面最终解释权的主体。买方主体为养殖企业。对养殖企业而言，相比于玉米青贮，收小麦青贮成本高、成效低、不经济。业内人士介绍，单位重量小麦青贮的生物量仅占玉米青贮的 1/3，单位重量小麦青贮价格却比单位重量玉米青贮价格更高[②]。两者的经济优劣差异明显。如果玉米青贮储备充足，上述不符合经济规律的现象不会发生。只有在玉米青贮储备不足时，为应对此特殊情况的企业才不得不收购小麦青贮。由于是临时性应急，养殖企业给出的收购价格往往偏高。以安徽省阜阳市阜南县某养殖公司为例，该公司给出的小麦青贮收购价格达 1500 元/亩[③]。但也正因为是应急，收购量不大。

对小麦种植户而言，单位面积小麦种植收益远低于单位面积小麦青贮的收购价格。《全国农产品成本收益资料汇编 2021》的数据显示，2020 年小麦亩均现金收益仅为 493.82

---

① 根据 WTO 数据测度的 2020 年中国小麦自给率达到 102.7%。
② https：//www. 163. com/dy/article/H7ID4EE70552ZOOP. html。
③ https：//m. thepaper. cn/newsDetail_ forward_ 18031570。

元。与前述企业给出的高达 1500 元/亩小麦青贮收购价格相比，等小麦成熟后再卖麦粒的收益要少得多。因此，如果有按 1500 元/亩出售小麦青贮的机会，那么小麦种植户多数不会放弃。小麦种植户的小麦青贮销售量以养殖企业的需求量为限。

不可忽视的是，与往年相比，2022 年春季的小麦青贮供需有一定特殊性。2021 年秋季洪涝灾害改变了 2022 年小麦青贮的供求形势。从需求来看，山东、河南等地玉米锈病严重且大面积歉收，部分养殖企业无法收购到足量的青贮玉米，青贮饲料缺口增加。据统计，受 2021 年暴雨影响，河南省受灾的羊、肉牛、奶牛规模养殖场 8 月 15 日前的青贮饲料缺口逾 1.2 万吨[①]。从供给来看，因灾害天气影响，江淮地区的小麦几乎全部晚种，这让小麦生产者对当年小麦收益的预期下降，以青贮形式售卖小麦的意愿提升。以上两方面因素共同作用下，2022 年的小麦青贮市场与往年相比更加活跃。

（二）新闻媒体人

在小麦青贮事件中，新闻媒体人发挥着主要作用。2020 年的新冠疫情给全球粮食安全带来了诸多挑战，俄乌冲突进一步增加了全球粮食供给的不确定性。这增加了主流媒体对粮食问题的敏感性。于是，对往年同样存在的小麦青贮现象，主流媒体的报道有失偏颇。

小麦青贮事件中，主流媒体重点宣传了两方面的内容：一是国际粮食供求紧张；二是青贮小麦做饲料对粮食安全的危害。前者让读者远离了国内粮食供给充足的事实，后者则省略了将过量小麦转换为供给不足的肉、奶等食物做法的合理性。如此的媒体渲染给出了一个鲜明的舆论指向：小麦青贮不合理。

近乎同时，有些了解现实，抑或有成熟逻辑思维的主体对此论断提出疑问。媒体界各种声音频现，也将小麦青贮事件推向一个高潮。而这，也成为该事件为官方所关注的重要原因。

（三）政府

面对小麦青贮事件引发的舆论争议，政府在第一时间予以应对。然而，从举措来看，政府没有科学解读事件背后的逻辑关系，仅仅在强调粮食安全重要性后，简单地给出了禁止性意见。这种举措不仅无法有效回应国民对小麦青贮问题的困惑，反而对小麦青贮事件的当事人造成了实质性的伤害，进而引发了新一轮的讨论高潮。

2022 年 5 月 8 日，河南省农业农村厅在全省范围内下发"特急"的内部明电；2022 年 5 月 10 日，农业农村部正式下发《抓紧核查各类毁麦问题的通知》（以下简称《通知》），叫停"割青麦作饲料"行为。

《通知》认为，"个别地方出现青贮小麦等毁麦问题，既对夺取丰收带来不利影响，又造成不良社会影响"。这一判断存在一定的逻辑问题。诚然，青贮小麦转饲用必然导致小麦产量下降，但转饲用的青贮小麦也会转化为肉和奶，增加食物供给。在小麦供给相对过剩的前提下，个别地方的少量青贮小麦转饲用不会改变小麦供给相对过剩的事实。同时，将小麦转化为缺口更大的肉和奶，反而会缩小食物自给率缺口（宋亮等，2019）。此外，青贮小麦转饲用不仅本身不是问题，其引发的系列讨论同样不该被看作"不良影响"。

---

① https：//www.sohu.com/a/486534331_ 120275099，暴雨后河南青贮饲料缺口逾 1.2 万吨。

毕竟，讨论的成因是国民模糊的粮食安全认知，讨论的过程不仅有助于加深国民对粮食供求现状的认识，更对其形成科学合理的粮食安全观有着重要的促进作用。

综上所述，小麦青贮当事人在市场规律下开展正常交易，这一事件却被在俄乌冲突下的媒体不当渲染，而后，在引起政府重视后又没得到政府的妥善应对。一系列做法让正常市场行为经舆论引导后影响到政策制定，并最终对资源配置造成了实质性影响。事件发生中各主体的相互关系如图 1 所示。

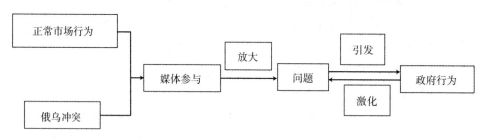

图 1 小麦青贮事件全程

三、小麦青贮事件的根源探析

些许增加的小麦青贮转饲用、媒体的不当宣传与政府的不力应对是小麦青贮事件产生并不断发酵的重要因素。然而，事件的背后却反映着国民对现实粮情把握以及对粮食安全认知的不足。试想，如果国民具备了科学且清晰的粮食安全认知，并能充分了解国内外粮食供求现状，经媒体放大的小麦青贮转饲用行为绝不会成为"事件"。以上述逻辑困境为起点，本节将在归纳事件发生前后国内外粮情的基础上，在逻辑层面对事件的可能成因进行辨析，进而锁定事件发生的根源性原因。

（一）小麦青贮事件发生时的国内外粮情

小麦青贮转饲用过程中，小麦产量下降是不争的事实。然而，小麦产量的些许下降未必会危害粮食安全。尤其是在粮食供给相对过剩的背景下，小麦产量的适当下降或是好事。新冠疫情与俄乌冲突增加了国际粮食市场的不确定性。同时，国内的粮食市场却是另一番景象。整体而言，国际粮食供求紧张，国内粮食供给充足。

一方面，全球粮食价格持续走高，这不仅增加了欧洲居民的家庭生活成本，更让部分发展中国家遭遇"饥荒"。2022 年的《全球粮食危机报告》指出，2021 年，53 个国家和地区的约 1.93 亿人经历了"危机"级别或更严重的粮食不安全（IPC/CH 第 3~第 5 阶段）。

另一方面，得益于中国政府在粮食生产方面的诸多努力和庞大的粮食储备规模，国内农产品供应充足，食品价格总体保持稳定。在粮食生产方面，事件发生前中国已经实现了粮食的 17 连丰，2021 年全国粮食总产量 13657 亿斤[①]；在粮食储备方面，按照中国国家粮食和物资储备局的介绍，政府粮食储备不是不够而是过多，政策性粮食去库存还在紧锣密鼓地推进（曹宝明等，2021）。国内的如上情形与紧张的国际粮食供求状况反差强烈。

---

① http：//www.stats.gov.cn/sj/zxfb/202302/t20230203_ 1901294.html。

国内粮情中，食物的结构性过剩问题尤其值得关注。在有限的资源禀赋和"自给率越高粮食越安全"的认知下，中国食物结构性过剩问题日渐突出，谷物和口粮自给率常年高位，其他食物品类自给率却逐年下降。由 FAO 数据测得，2000～2020 年，三大谷物品种中小麦、稻谷、玉米自给率分别由 84.5%、99.3% 和 132.9% 调整为 102.7%、102.7% 和 94.4%。其中，谷物自给率整体保持稳定，但口粮自给率进一步提升。2000～2019 年，按播种面积测算的食物自给率则由 95.5% 下降到 74.6%，下滑明显（杜鹰等，2022）。

（二）小麦青贮事件化的潜在逻辑探索

在供给相对宽松的粮情下，小麦青贮少量转饲用不仅不会改变粮食安全形势，还有助于食物自给率的提升。如此背景下小麦青贮会被定义为"危害"，可能有以下四种潜在逻辑。本节将一一列举导致该事件发生的诸多可能，并辨析其合理性。

（1）国内粮食供给紧张，作为口粮的小麦也供给不足。结合前一部分的粮情介绍，这一逻辑站不住脚。

（2）虽然国内粮食供给充足，但小麦青贮需求量大，大量的小麦青贮转饲料会明显降低小麦产量。同样如前文分析，小麦青贮只是养殖企业不得已的替代性行为，需求量不大。显然，这一逻辑也不成立。

（3）国民对粮食供求现状认知不足。尽管前述国内外粮情客观存在，但国民对这一现状却未必了解。在中国，粮食现状信息多被选择性示众，这让国民对粮食现状的了解过于片面、难成体系。在国民对粮食现状缺乏了解的情况下，媒体的影响力就在无意中被放大。然而，该论断也有一个漏洞。不同于普通国民，有关部门掌握着粮食市场的更多信息，对粮食供求有更加准确的把握。正因为此，理论上媒体的引导不会对他们的正常判断造成干扰。然而，事实上有关部门却出台了禁止性的政策措施。由此可知，用粮食供求认知不足去解释该事件也存在不足。

（4）全社会对粮食安全内涵的认知模糊。中国很早就形成了以粮食数量为目标的传统粮食安全观，在这一粮食安全观下，粮食产量越多粮食安全保障水平越高的认知形成并逐渐稳固（辛翔飞等，2020）。基于这种认识，会降低小麦产量的小麦青贮转饲用必然被看作粮食安全的重要威胁。而且，不同于前述三种可能，这种模糊的粮食安全认知会对事件中的所有主体造成影响。

结合上述分析，后两类论断可以作为小麦青贮事件发生的主要成因。其中，国民对粮食供求现状的认知不足及全社会对粮食安全内涵的认知模糊放大了媒体在事件中的影响力，进而引发了社会面的激烈讨论；有关政府部门对粮食安全认知的模糊直接影响到政策制定，最终改变了资源的分配结果。

四、明晰粮食安全观的确立现状及存在的问题

增加的粮食供给降低了传统粮食安全观的适用性，同时，2019 年提出的新粮食安全观虽是对传统粮食安全观的完善补充，却未达预期，转变粮食安全观的呼吁仍在继续（武舜臣等，2022）。以上，让中国长期处在传统粮食安全观向新粮食安全观的转变过程中：传统的粮食安全观被质疑，新的粮食安全观却未确立。这构成了粮食安全观模糊的基本

背景。

（一）变与不变间的粮食安全观

粮食安全观是国民对粮食安全总的看法和认识，对一国的粮食安全战略和相关政策制定具有重要意义。粮食安全观应与特定的国情粮情相匹配，随着国情粮情的变化而变化。如此，适合国情粮情的粮食安全观难免长期处在调整变化中。

在中国，随着国民生活水平的提升，单纯追求粮食数量增长的传统粮食安全观指导下的粮食安全保障结果，逐渐偏离了人们的日常饮食需要和需求偏好。传统粮食安全观已不能满足人们对粮食安全的现实诉求，转变传统粮食安全观的呼吁不断出现。为适应不断升级的消费结构和资源环境压力，新粮食安全观承载了提升粮食保障能力及缓解约束条件等一系列目标，前者旨在增加对粮食质量、品种、营养等的新要求，后者则突出了对资源环境及财政压力的应对（武舜臣和王兴华，2023）。具体表现为提升粮食生产能力和粮食品质、扩大粮食口径、保护生态多样性、降低保障成本等重要内容。然而，兼容上述内涵的新粮食安全观虽然能符合国民对粮食安全的诉求，却迟迟无法落地。这也造就了旧粮食安全观不适用但适合理论界诉求的新粮食安全观难以确立的真空阶段。

（二）清晰粮食安全观确立难的成因剖析

没有明确且广被认知的粮食安全观是小麦青贮事件产生的根源。这类事件导致的系列问题也论证了尽快构建明晰的粮食安全观的急迫性和必要性。然而，边界清晰的粮食安全观为何迟迟未能建立？通过逻辑推演大概有如下三点原因。

1. 总难成熟的转变条件

由呼吁转变粮食安全观的历史频次可知，充足的粮食供给是引发粮食安全观转变方向的现实前提。然而，从理论界呼吁的粮食安全观转变方向来看，无论是大食物观、可持续观或全产业链观，都会直接或间接动摇粮食供给充足的前提（武舜臣和胡冰川，2022）。一旦粮食供给充足的前提被打破，为保障粮食安全而加大力度抓稻谷小麦生产的声音就会出现。正是上述机制的影响，转变粮食安全观仍旧停留在呼吁层面，尚未得到进一步的理论归纳和逻辑论证。

2. 自相冲突的转变目标

以传统粮食安全观为基础，理论界提出了多种粮食安全观转变目标，这赋予了新粮食安全观丰富内涵。然而，在有限水土和一定技术进步水平下，粮食安全观转变的诸目标间有着难以兼容的矛盾。例如，将粮食品种结构合理和食物营养健康的新要求融入粮食安全观的做法意味着对水土资源的利用提出更高要求，而这则会与缓解资源环境压力为目标的粮食安全观转变发生矛盾。众多转变目标间的矛盾削弱了粮食安全转变理论对粮食安全转变的指导作用，延缓了新粮食安全观的形成。

3. 立足供给的保障体系

与立足供给的传统粮食安全观相呼应，中国很早就构建起了基于供给的粮食安全保障体系。该体系的建立和完善，在粮食短缺时期确保食物供给和维持社会正常运行方面发挥过重要作用。然而，该体系却无法支撑起转变后的新粮食安全观。中国现有的粮食安全目标已是在农业资源环境严重超载、透支的条件下实现（程国强，2015）。在技术水平和组织程度没有较大提升的情形下，以扩大粮食口径来匹配居民消费结构升级的粮食安全观必然意味着资源环境的超载和透支程度的加剧，而缓解资源环境压力的可持续发展模式意味着小口径粮食保障能力的下降。

正是上述三点因素阻碍了粮食安全观的转变进程，让中国社会层面的粮食安全认知长期处于传统粮食安全观向新粮食安全观的转变过程中。

五、对策建议

本是正常市场行为的小麦青贮事件在被媒体刻意放大后引发了有关部门的介入，进而影响到了相关政策的制定。从走势来看，该事件打破了原本的市场平衡，对粮农收入、畜牧业发展及粮食安全保障造成负面影响。该事件的发生固然与一些客观因素有关，但根本上反映了国民粮食安全观认知的缺失以及在粮情获取方面的短板。如不解决上述问题，类似事件在未来仍有可能发生。基于以上判断，拟提出如下政策建议。

（一）全面落实新粮食安全观，力求界定清晰、表达准确

转变粮食安全观是理论界的普遍呼吁，但在指导战略判断和公众认知方面，界定清晰、表达准确的粮食安全观更为重要。对此，科学粮食安全观的确立应做好以下两个层面的工作：一是鼓励理论界开展粮食安全观转变的学术探讨，力求在逻辑层面和深度方面有所突破。相比于可被采纳的粮食安全观转变论断，现有的粮食安全观转变研究内容丰富但逻辑性不足，这不利于理论结论的现实运用。对此，理论界应在充分探讨粮食安全观转变可行目标的基础上，理顺不同转变目标间的理论逻辑，明晰理论预期在实践中的限制因素。二是对理论界的成熟成果，决策层应有选择地逐步吸纳，并对其赋予清晰的界定，以此为政府决策和政府宣传提供可行依据。

（二）加大粮食安全宣传力度，提升公众科学认知和判断力

在政府宣传和媒体宣传中，不仅要包含大粮食安全观的新理念，更要以基础供给数据展现粮食安全的保障现状。主要体现在以下两个方面：一是及时充分地向国民传达政府确立的、界定清晰的粮食安全观。由于粮食安全认知的混乱，主流媒体对粮食安全的相关报道多存在逻辑漏洞。这样的宣传报道不仅不能发挥普及科学粮食安全认知的作用，反而会误导国民，导致类似小麦青贮事件的发生。对此，政府及官方主流媒体应为国民提供权威的概念和畅通的逻辑，彻底杜绝因粮食安全认知模糊导致的系列问题。二是敢于向国民传导粮食安全现状的真实信息。对粮食安全现状的诸多论述中，"中国正处于粮食安全水平最好时期"是一致的论调。既然如此，一旦出现"粮食潜在不安全"的论调，相关部门应将"中国正处于粮食安全水平最好时期"的论据重新抛出，以此为国民提供可以对粮食安全状况做出正确判断的事实基础。

（三）全力提升政府内部决策水平和决策能力

小麦青贮事件中有关部门的及时回应却引发了更多舆论争议，这深刻说明了提高政府内部决策水平和决策能力的必要性和紧迫性。应采取以下两项措施：一是增强有关部门对现实粮情的掌控能力。可增加有关部门基层调研频次、加大一手数据和资料的收集整理；也可充分利用二手调研资料，经对相关资料的比对与分析，为科学的粮情预判奠定基础。

在小麦青贮事件中，如能充分了解 2021 年秋季阴雨天气及其对粮食生产和养殖业的影响，有关部门可在第一时间对事件给予回应，也就不会造成舆论争议的扩大。二是进一步加强有关部门对粮食安全相关理论的学习。粮食安全的内涵随着国情粮情的变化而变化。随着经济发展，中国居民食物消费越发多样，这增加了有关部门掌握居民食物消费结构变化趋势，并及时创新粮食安全和食物保障理念的必要性。有关部门应积极参与粮食安全理论构建，紧跟粮食安全理论前沿，准确把握粮食安全内涵变化，确保能在第一时间对社会中突发的粮食安全相关问题给出科学严谨的政策回应。

参考文献

［1］谢扬 . 新的粮食安全观［J］. 经济与管理研究，2001（4）：8-11.

［2］武舜臣，胡冰川 . 粮食安全认知：转变方向、逻辑困境与路径突破［J］. 中国经济报告，2022（5）：14-17.

［3］武舜臣，赵策，胡凌啸 . 转变中的粮食安全观：理论期待与新粮食安全观的构建［J］. 农业经济问题，2022（3）：17-28.

［4］朱满德，张振，程国强 . 建构新型国家粮食安全观：全局观、可持续观与全球视野［J］. 贵州大学学报（社会科学版），2018（6）：27-33.

［5］黄季焜 . 对近期与中长期中国粮食安全的再认识［J］. 农业经济问题，2021（1）：19-26.

［6］宋亮，曹宝明，朱强 . 粮食安全、消费转型与政策调整［J］. 新疆社会科学，2019（3）：23-32+148.

［7］曹宝明，唐丽霞，胡冰川等 . 全球粮食危机与中国粮食安全［J］. 国际经济评论，2021（2）：9-21+4.

［8］杜鹰，张秀青，梁腾坚 . 国家食物安全与农业新发展格局构建［J］. 农业经济问题，2022（9）：4-10.

［9］辛翔飞，刘锐，王济民 . 破除自给率越高粮食越安全的迷误［J］. 农业经济问题，2020（10）：19-31.

［10］武舜臣，王兴华 . 推进粮食安全观有效转变：事实、成因和实践路径［J］. 农村经济，2023（2）：33-39.

［11］程国强 . 中国需要新粮食安全观［N］. 中国财经报，2015-06-02（007）.

Popularizing Scientific Concept of Food Security: Necessity and Feasible Path
—From the Event of Wheat Silage Selling

WU Shunchen[1], WANG Xinghua[2], LI Jiachang[3]

（1. *Rural Development Institute Chinese Academy of Social Sciences*, *Beijing*, 100732;

2. *College of Agricultural Economics and Management*, *Shanxi Agricultural University*, *Taiyuan*, 030031;

3. *College of Business*, *Southwest University*, *Chongqing*, 402460, *China*）

Abstract: Wheat silage is a temporary supplement when there is a small shortage of silage, which belongs to normal market behavior. However, the normal behavior of wheat silage once aroused strong social repercussions. During this period, the policy intervention of relevant departments led this debate to a climax. Based on the realistic node of grain harvest, this paper refines the possible logic of the incident on the basis of reviewing the whole incident. It is found that the basic reasons for the occurrence of wheat silage are the vague understanding of food security at the whole society level and the insufficient understanding of food status at the national level. Among them, the cognitive ambiguity and lack of understanding at the national level have amplified the influence of public opinion, and the cognitive ambiguity of relevant departments has caused mistakes in policy formulation. Based on the above judgment, this paper believes that it is imperative to establish and popularize the food security cognition suitable for the present. In this regard, the theoretical circle should re-sort out the existing goal of changing the concept of food security, and extract as soon as possible the food security cognition that conforms to the existing national conditions and food conditions, is logical and suitable for popularization, so as to prevent similar incidents from happening again.

Key Words：Wheat Silage；The Concept of Food Security；Cognitive Fuzziness

粮食收储制度对粮油加工企业
产能过剩的影响机制分析①

王舒娟[1]　　王一萍[2]

（1. 南京财经大学，粮食安全与战略研究中心，江苏 南京 210003；

2. 南京财经大学，现代粮食流通与安全协同创新中心，江苏 南京 210003）

摘　要： 粮油加工业是粮食产业的枢纽，对粮食供求具有重要的调节作用，关乎国家粮食安全。因此，当前粮油加工业产能过剩的负面影响不言而喻，而粮食收储制度作为影响粮食生产的重要因素，势必会进一步作用于粮食生产的下游产业，即粮油加工业，而目前学界对两者的研究是割裂的。本文在国内外粮食供求形势发生变化、国家粮食安全内涵有所转变的背景下，梳理国内外相关学术史动态，分析粮食收储制度改革对粮油加工业产能过剩的作用机制，旨在为实现粮油加工产业高质量发展提供政策依据。

关键词： 粮食收储制度；粮油加工企业；产能过剩

一、引言

随着我国经济社会的发展以及粮食供求形势的转变，新时代我国粮食安全的内涵更为丰富，由重点关注数量安全转变为数量安全和质量安全同时兼顾，要在解决居民温饱问题的基础上，提供健康营养、种类丰富、可口美味、多样化的高质量粮食产品。粮油加工企业的高质量发展作为引擎，能够带动粮食全产业链发展，有效调节粮食供求，为国家粮食安全提供保障。然而，粮油加工业是自然再生产和经济再生产相互交织的产业，易受到自然风险和市场风险的双重影响，加之该产业投资回报率低，因而具有弱质性。鉴于其外部性与弱质性特点，国家制定多种产业扶持政策助力粮油加工业发展，这一结果又可能导致粮油加工业过度投资与产能过剩。粮油加工业统计资料与粮食行业统计资料显示，我国粮油加工细分行业整体上表现出较严重的产能过剩，2016 年大米加工业、小麦粉加工业、食用植物油加工业产能利用率均值分别为 41.6%、63.4%、54.1%，2017 年各类粮食企业综合产能利用率仅 44.5%，远低于 80% 的正常产能利用率标准。制造业、高新技术等产业的产能过剩问题早已引起广泛关注，其所造成的资源分配扭曲、企业亏损增加、产业组织恶化等问题日益严重，但粮油加工业的产能过剩问题则被学界所忽视。

① 收稿日期：2023-12-09。

基金项目：江苏高校哲学社会科学研究一般项目（2021SJA0283）。

更为重要的是，粮油加工业发展与其上游产业即粮食种植业联系紧密，而粮食收储制度对粮食种植业具有显著影响，势必会进一步作用于粮油加工业。学界普遍认为当前我国的粮食收储制度导致了粮食"三量齐增"，市场机制失灵，并且加重了政府财政负担。因此，旨在维护粮食数量安全，保护农民利益的粮食收储制度亟待改革。在国内外粮食市场供求形势发生变化，国家粮食安全内涵由数量安全向质量安全转变的背景下，本文试图厘清粮食收储制度对粮油加工企业产能过剩的影响机制，探索粮油加工企业高质量发展路径与粮食收储制度的改革方向，为加强我国粮食安全保障提供政策参考。

二、文献综述

（一）关于产能过剩的相关研究

国内外学者关于产能过剩的研究主要可以归结为对以下三个问题的回答：什么、为什么和怎么办，即对产能过剩的评价、分析与治理。

国外学者对产能过剩的定义从产能利用层面展开，Chamberlin（1947）最早提出产能过剩的概念，认为产能过剩是垄断竞争市场中的企业根据零利润原则安排生产，从而出现实际产出小于理论最大产出的现象。Kirkley 等（2003）、Rust 等（2017）认为，当产能利用率，即实际产出与理论最大产出之比小于 1 时存在产能过剩。国内学者除从产能利用层面定义产能过剩外（周劲，2007；钟春平和潘黎，2014），也从供求角度定义产能过剩，认为生产能力大于需求能力且达到一定程度时，会出现产能过剩（李江涛，2006；江飞涛和曹建海，2009）。

测度产能过剩的方法可以概括为两大类：一是基于技术产能的测度，包括峰值法（Klein，1960；沈利生，1999）、生产函数法（Klein 和 Preston，1967；沈坤荣，2012）、协整法（Shaikh 和 Moudud，2004）、数据包络法（Kirkley，2003；董敏杰，2015）、随机前沿分析法（Aigner 等，1977）等；二是基于经济产能的测度，如 Morrison（1985）、韩国高等（2011）分别采用成本函数法测算美国汽车产业与中国制造业 28 个行业的产能利用率。

学者们关注的另一焦点是产能过剩的成因。国外学者往往从市场组织结构与企业竞争策略等角度解释产能过剩，并将其归因于市场的影响（Hilke，2003；Savagar 和 Dixon，2020）。国内学者对这一问题的研究存在市场失灵与政府失灵之争，部分学者认为市场结构缺陷（江飞涛和曹建海，2009）、经济波动（孙巍等，2008）、信息不完全所引发的投资"潮涌"（林毅夫等，2010）等市场因素是形成产能过剩的原因，而耿强等（2011）、江飞涛等（2012）、孙正等（2019）则认为转轨中的体制缺陷是形成产能过剩的关键因素。

相应地，学界对化解产能过剩的方法存在争议。部分学者认为，产能过剩是市场经济中的自然现象，通过市场调节即可自动解决（徐朝阳和周念利，2015），另一部分学者认为，"中国式产能过剩"需要政府进行适当干预（钟春平和潘黎，2014；赵昌文等，2015）。

（二）关于粮食收储制度的相关研究

国内外关于粮食收储制度的研究主要集中于粮食收储制度实施的背景、现状问题分析以及效果评估等方面。概括而言，国内粮食收储制度的改革经历了从实施粮食最低收购价与临时收储政策，到目标价格补贴政策，再到市场化收购加生产者补贴，政策的演变均是随着国内国际粮食供求形势、国内国际粮食市场互动关系等变化而相应作出的调整（陈锡文，2016；樊琦和祁华清，2015）。关于粮食收储制度的政策效果评估，学者们从粮食供给、农户收入、粮食价格等角度开展了翔实的研究。具体而言，国外学者尤其关注脱钩补贴对农户生产决策的扭曲作用（Anton 和 Mouel，2004；Goodwin 和 Mishra，2006），但并未得出一致结论，国内学者则普遍认为我国粮食收储制度显著促进了粮食生产（兰录平，2013；李邦熹，2016）。在农户收入方面，王士海和李先德（2012）、程国强（2014）认为，托市收购政策对保护农民收益具有积极作用，而李光泗和郑毓盛（2014）、钱加荣和赵芝俊（2019）认为，受到利润分配再调整的影响，收储制度或其他补贴政策的红利会被粮食生产成本上升所抵消。此外，收储制度改革引起的个体收入差距变化则受到国外学者的广泛关注，大量研究通过计算单个农户的基尼系数来分析农户收入差距（Aristei 和 Perugini，2010；Severini 和 Tantari，2013）。在粮食价格方面，王士海和李先德（2012）、朱喜安和李良（2016）分别基于双重差分模型和事件分析法的研究，认为粮食托市收购政策对大部分粮食品种具有明显的托市效应，但随着近年来国内外粮食市场形势的变化，托市收购政策已造成多种价格倒挂（冯海发，2014；程国强和朱满德，2012），严重扭曲市场（李国祥，2014）。当启动目标价格补贴试点后，徐雪高等（2016）认为，大豆价格已基本回归市场供求调节。2018 年新疆实施了小麦收储制度改革，提高小麦种植耕地的地力保护补贴标准，鼓励多元主体入市收购，周梅和杨国蕾（2019）基于定性分析指出，小麦收购价格平稳，作为小麦收购主体的加工企业，能够通过价格调整，更加直接快速地向小麦生产端传递其对粮食品质的需求，对于加工企业延伸产业链条、进行差异化生产等策略布局与调整具有积极影响。

（三）研究述评

综上所述，国内外有关产能过剩与粮食收储制度的研究颇为丰富，研究方法、体系较为成熟，为本文研究奠定了良好的基础。然而，根据国家粮食与物资储备局统计，我国粮油加工业的产能过剩问题较为严重，且关乎我国粮食数量与质量安全。然而，纵观现有文献，学界尚未针对这一问题开展广泛而深入的研究。此外，针对粮食收储制度的研究，学者多从粮食产量、价格、农户收入等视角对我国粮食收储制度实施效果进行评估。然而，最低收购价、临时收储、市场化收购加生产者补贴等制度并非仅仅影响粮食生产与农户，通过作用于粮食数量、价格、品质和收购主体，粮食收储制度势必会影响到其下游产业，即粮油加工业发展。目前鲜有针对上述问题所开展的研究，受现有文献的启发，本文拟在国内外粮食市场供求形势发生变化、国家粮食安全内涵转变的背景下，研究粮食收储制度对粮油加工企业产能过剩的影响机制与政策优化路径，从而进一步补充和深化现有研究。

三、粮食收储制度对粮油加工企业产能过剩的影响机制分析

（一）粮食流通市场化体制下的粮食收储制度改革脉络

在粮食不断减产、粮价大幅上涨的背景下，2004 年、2008 年我国先后实施粮食最低

收购价和临时收储政策，其本质在于保护农民种粮积极性，维护国家粮食数量安全。然而，近年来粮食收储政策在发挥积极作用的同时，其负面效应逐渐显现。一方面，政策性收储价格刚性上升（杜鹰，2016），国内粮食面临"三量齐增"的窘境，并且原粮与成品粮、国内粮食与国际粮食等多种粮食价格倒挂等现象进一步增加了粮油加工企业的原料成本，且造成沉重的财政负担。另一方面，随着经济社会的发展，新时代我国粮食安全的内涵已由重点关注数量安全转变为同时兼顾数量与质量安全，要在解决居民温饱问题的基础上，提供健康营养、种类丰富的高质量粮食产品。

因此，在国内粮食数量供给充足、政府财政负担沉重、居民粮食消费需求变化、国家粮食安全内涵转变的背景下，2014 年我国大豆临时收储政策调整为目标价格补贴政策。2016 年，我国粮食收储制度进一步改革，将玉米、大豆临时收储政策调整为"市场化收购加生产者补贴"，粮食价格由市场形成，生产者随行就市出售，与玉米、大豆深加工、饲料、贸易及储备相关的多元市场主体自主入市收购，同时建立生产者补贴制度。

（二）粮食收储制度对粮油加工企业产能过剩的影响机制分析

在粮食最低收购价格与临时收储政策下，刚性上升的政策收储价格大大抬高了粮油加工企业的原料成本，但成品粮市场价格却相对平稳。因此，在使用国内原粮作为原料面临亏损的形势下，企业或转而利用进口原粮替代，或者被迫闲置产能，从而导致粮油加工企业出现产能过剩。

粮食收储制度改革后，大豆、玉米实施"市场化收购加生产者补贴"制度，补贴与生产脱钩，原粮价格形成趋向于市场自发调节，这有可能扭转此前粮油加工企业原材料成本受政策收储价格影响而刚性上升的局面，从而缓解产能过剩；并且在"市场化收购加生产者补贴"制度下，粮油加工企业可以直接入市收购，这有助于调节农民种植结构，使企业获得与市场需求相匹配的优质原料，从而更有利于带动加工，盘活市场（叶兴庆，2018），缓解企业的产能过剩等问题；但符合条件的入市收购企业能够直接获得补贴，这有可能刺激部分企业在面临亏损或利润微薄的局面下，为获补贴而盲目入市或扩张产能。

据此，本文构建粮食收储制度对粮油加工企业产能过剩的影响机制（见图 1）。总体而言，粮食收储制度改革后，粮食价格形成机制与粮食收购主体发生变化。随着政策收储价格对粮食市场价格形成的扭曲作用被减弱甚至消除，玉米、大豆价格形成趋于市场化，从而可能缓解相关粮油加工企业的产能过剩；同时，多元化主体入市收购，能够使企业获得优质品种，从而打开粮油加工市场，缓解产能过剩。然而，入市收购的多元化主体能够直接获得政府补贴，这又可能会促进企业的盲目扩张，从而导致产能过剩。

四、结论与建议

粮油加工企业的发展与粮食种植业联系紧密，能够有效调节粮食供求、粮食收储制度对粮食种植业和粮油加工业的影响深远。因此，粮食收储制度与粮油加工企业发展之间的关系不容忽视。在国内外粮食市场面临新形势、国家粮食安全内涵发生转变的背景下，粮油加工企业能否实现高质量发展具有重要的现实意义。然而事实上，近年来我国粮油加工业细分行业整体上面临较为严重的产能过剩问题。通过比较我国粮食流通市场化体制下改

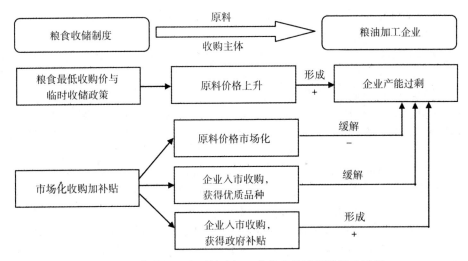

图 1　粮食收储制度对粮油加工企业产能过剩的影响机制

革前后的粮食收储政策效果，其对粮油加工企业产能过剩的影响路径主要在于原粮价格、原粮品质以及政府补贴。收储政策改革后，原料价格形成市场化，企业入市收购，有助于缓解企业产能过剩，而入市收购的企业能够直接获得政府补贴，则有可能导致企业盲目扩张，从而形成产能过剩。至于其最终的影响方向及程度，有待进一步的实证检验。但总体而言，深化粮食收储制度改革，尽可能降低其对市场的扭曲作用，加强农民、企业等市场主体的能动性，将有助于粮食供给和需求有效衔接，从而实现粮油加工企业的可持续和高质量发展，为保障国家粮食安全奠定坚实基础。

参考文献

［1］ Chamberlin, E. . The Theory of Monopolistic Competition ［M］. Cambridge：Harvard University Press，1947：67-68.

［2］ Kirkley, J. E. , Squires, D. , Alam, M. F. , et al . Excess Capacity and Asymmetric Information in Developing Country Fisheries：The Malaysian Purse Seine Fishery ［J］. American Journal of Agricultural Economics, 2003, 85（3）：647-662.

［3］ Rust, S. , Yamazaki, S. , Jennings, S. , Emery, T. , Gardner, C. . Excess Capacity and Efficiency in the Quota Managed Tasmanian Rock Lobster Fishery ［J］. Marine Policy, 2017（76）：55-62.

［4］ 周劲 . 产能过剩的概念、判断指标及其在部分行业测算中的应用 ［J］. 宏观经济研究, 2007（9）：33-39.

［5］ 钟春平，潘黎 . "产能过剩"的误区——产能利用率及产能过剩的进展、争议及现实判断 ［J］. 经济学动态, 2014（3）：35-47.

［6］ 李江涛 . "产能过剩"及其治理机制 ［J］. 国家行政学院学报, 2006（5）：32-35.

［7］ 江飞涛，曹建海 . 市场失灵还是体制扭曲——重复建设形成机理研究中的争论、缺陷与新进展 ［J］. 中国工业经济, 2009（1）：53-64.

［8］ Klein, L. R. . Some Theoretical Issues in the Measurement of Capacity ［J］. Econometrica, 1960, 28（2）：272-286.

［9］ 沈利生 . 我国潜在经济增长率变动趋势估计 ［J］. 数量经济技术经济研究, 1999（12）：3-6.

［10］Klein, L. R., and Preston, R. S.. Some New Results in the Measurement of Capacity Utilization ［J］. American Economic Review, 1967（1）：34-58.

［11］沈坤荣，钦晓双，孙成浩. 中国产能过剩的成因与测度 ［J］. 产业经济评论，2012，11（4）：1-26.

［12］Shaikh, A. M., and Moudud, J. K.. Measuring Capacity Utilization in OECD Countries：A Cointegration Method ［C］. The Levy Economics Institute of Bard College Working Paper, 2004, NO. 415.

［13］董敏杰，梁泳梅，张其仔. 中国工业产能利用率：行业比较、地区差距及影响因素 ［J］. 经济研究，2015，50（1）：84-98.

［14］Aigner, D., Lovell, C. A. K., Schmidt, P.. Formulation and Estimation of Stochastic Frontier Production Function Models ［J］. Journal of Econometrics, 1977, 6（1）：21-37.

［15］Morrison, C. J.. Primal and Dual Capacity Utilization：An Application to Productivity Measurement in the U. S. Automobile Industry ［J］. Journal of Business & Economic Statistics, 1985, 3（4）：312-324.

［16］韩国高，高铁梅，王立国，齐鹰飞，王晓姝. 中国制造业产能过剩的测度、波动及成因研究 ［J］. 经济研究，2011，46（12）：18-31.

［17］Hilke, J. C.. Excess Capacity and Entry：Some Empirical Evidence ［J］. Journal of Industrial Economics, 2003, 33（2）：233-240.

［18］Savagar, A., Dixon, H.. Firm Entry, Excess Capacity and Endogenous Productivity ［J］. European Economic Review, 2020（121）：1-28.

［19］孙巍，何彬，武治国. 现阶段工业产能过剩"窖藏效应"的数理分析及其实证检验 ［J］. 吉林大学社会科学学报，2008（1）：68-75 + 159.

［20］林毅夫，巫和懋，邢亦青."潮涌现象"与产能过剩的形成机制 ［J］. 经济研究，2010（10）：4-19.

［21］耿强，江飞涛，傅坦. 政策性补贴、产能过剩与中国的经济波动——引入产能利用率 RBC 模型的实证检验 ［J］. 中国工业经济，2011（5）：27-36.

［22］江飞涛，耿强，吕大国，李晓萍. 地区竞争、体制扭曲与产能过剩的形成机理 ［J］. 中国工业经济，2012（6）：44-56.

［23］孙正，陈旭东，苏晓燕. 地方竞争、产能过剩与财政可持续性 ［J］. 产业经济研究，2019（1）：75-86.

［24］徐朝阳，周念利. 市场结构内生变迁与产能过剩治理 ［J］. 经济研究，2015，50（2）：75-87.

［25］赵昌文，许召元，袁东，廖博. 当前我国产能过剩的特征、风险及对策研究——基于实地调研及微观数据的分析 ［J］. 管理世界，2015（4）：1-10.

［26］陈锡文. 价补分离，市场定价 ［J］. 农经，2016（3）：36-37.

［27］樊琦，祁华清. 国内外粮价倒挂下粮食价格调控方式转型研究 ［J］. 宏观经济研究，2015（9）：23-31+97.

［28］Antón, J., Chantal Le Mouel, C.. Do counter-cyclical Payments in the 2002 US Farm Act Create Incentives to Produce? ［J］. Agricultural Economics, 2004（31）：277-284.

［29］Goodwin, B., Mishra, A.. Are "Decoupled" Farm Program Payments Really Decoupled? An Empirical Evaluation ［J］. American Journal of Agricultural Economics, 2006, 88（1）：73-89.

［30］兰录平. 中国粮食最低收购价政策研究 ［D］. 湖南农业大学博士学位论文，2013.

［31］李邦熹. 小麦最低收购价政策效应及福利效果研究 ［D］. 华中农业大学博士学位论文，2016.

［32］王士海，李先德. 粮食最低收购价政策托市效应研究 ［J］. 农业技术经济，2012（4）：105-111.

［33］程国强. 坚持市场定价原则，完善农产品价格形成机制 ［J］. 上海农村经济，2014（3）：47.

[34] 李光泗, 郑毓盛. 粮食价格调控、制度成本与社会福利变化——基于两种价格政策的分析 [J]. 农业经济问题, 2014 (8): 6-15.

[35] 钱加荣, 赵芝俊. 价格支持政策对粮食价格的影响机制及效应分析 [J]. 农业技术经济, 2019 (8): 89-98.

[36] Aristei, D., Perugini, C.. Preferences for Redistribution and Inequality in Well Being Across Europe [J]. Journal of Policy Modeling, 2010 (32): 176-195.

[37] Severini, S., Tantari, A.. The Effect of the EU Farm Payments Policy and Its Recent Reform on Farm Income Inequality [J]. Journal of Policy Modeling, 2013 (35): 212-227.

[38] 朱喜安, 李良. 粮食最低收购价格通知对粮食价格的影响——基于事件分析法的研究 [J]. 社会科学家, 2016 (5): 60-64.

[39] 冯海发. 对建立我国粮食目标价格补贴政策的思考 [J]. 农业经济问题, 2014 (8): 4-6.

[40] 程国强, 朱满德. 中国工业化中期阶段的农业补贴制度与政策选择 [J]. 管理世界, 2012 (1): 9-20.

[41] 李国祥. 农产品目标价格补贴政策利国利民 [J]. 时事报告, 2014 (8): 19.

[42] 徐雪高, 吴比, 张振. 大豆目标价格补贴的政策演进与效果评价 [J]. 经济纵横, 2016 (10): 81-87.

[43] 周梅, 杨国蕾. 对当前粮食收储制度改革的几点思考: 新疆小麦收储制度改革的启示 [J]. 宏观经济研究, 2019 (1): 168-175.

[44] 杜鹰. 完善农产品价格形成机制 [J]. 中国经济报告, 2016 (12): 23-26.

Mechanism Analysis of Grain Purchase Policy's Influence on Grain and Oil Processing Enterprise's Overcapacity

WANG Shujuan[1]　WANG Yiping[2]

(1. *Center for Food Security and Strategy Studies*, *Nanjing University of Finance and Economics*, *Nanjing*, *Jiangsu*, 210003; 2. *Collaborative Innovation Center of Modern Grain Circulation and Safty*, *Nanjing University of Finance and Economics*, *Nanjing*, *Jiangsu*, 210003)

Abstract: Grain and oil processing industry is the hub of grain industry, which plays an important role in regulating grain supply and demand, and is related to national food security. The negative impact of excess production capacity has been widely proved. As an important factor affecting grain production, grain purchase policy is bound to the downstream industry of grain production, namely grain and oil processing industry. As a result, grain purchase policy would certainly further affect grain and oil processing industry. Under the background of changes in international and domestic grain supply and demand, as well as changes in the connotation of national food security, this paper reviews the relevant academic historical trends at home and abroad, analyzes the mechanism of the reform of grain purchase policy on the excess capacity of grain and oil processing industry, aiming to provide policy basis for the realization of high-quality development of grain and oil processing industry.

Key Words: Grain Purchase Policy; Grain and Oil Processing Enterprise; Overcapacity

最低收购价政策市场化改革效应研究：机制、问题与方向[①]

陈思思　李光泗

（南京财经大学 粮食和物资学院，江苏 南京 210003）

摘　要： 粮食宏观调控政策对保障国家粮食安全至关重要，随着粮食最低收购价政策市场化改革路径的确立，政策目标随之发生转变。通过分析粮食最低收购价政策市场化改革的演变历程及作用机制，评估最低收购价政策市场化改革下粮食产业发展现状，发现政策改革后我国粮食产量仍呈增长趋势、粮食市场价格逐渐回正，但同时粮食进口量波动上涨，且种粮收益下滑较快。进一步分析政策改革的现实环境，发现目前国内粮食市场面临粮食供需结构性矛盾、国际粮食市场供应量短缺、国际粮食市场价格无序波动三重风险。基于以上研究，本文提出采取全面提升推行粮食最低收购价政策区域化改革，进一步稳定国内粮食供给、针对不同层次规模农户差异化政策支持，不断健全政策改革的预期与风险分担机制、建立政策改革下的粮食市场风险防范机制，有效规避国际粮食市场风险。

关键词： 最低收购价政策；市场化改革；作用机制；宏观调控

一、引言

政策是农业的生命线，对保障粮食增产、粮农增收以及粮食安全意义重大。粮食最低收购价政策从 2004 年开始实施，政策实施带来了粮食产量的连续提升。2008 年为了应对国际粮食市场价格不断下调风险，国内开始不断提升粮食最低收购价格，国内粮食市场价格形成了"政策市"超稳定状态。粮食市场价格已经不具备发现功能，引发粮食产量、库存量和进口量"三量齐增"的相悖现象。粮食最低收购价政策带来的负向溢出效应要求政策必须做出改革，2015 年起国家对粮食最低收购价政策的收购价格、收购时间和收购标准都做出了新的要求，粮食最低收购价政策向着市场化改革进发。

粮食最低收购价政策改革面对百年未有之大变局，政策市场化改革要求被进一步提升。作为世界上最大的粮食进口国，在新发展格局变化下，保障粮食供给安全成为应对国际粮食市场不确定性风险的最优选择。而最低收购价政策作为保障粮食生产的重要宏观调控手段，粮食最低收购价政策市场化改革的效应评估意义重大。

① 收稿日期：2023-05-30。
基金项目：2020 年度江苏省研究生科研与实践创新计划项目（KYCX20_ 1272）、2021 年度服务国家特殊需求博士人才科研专项课题（BSZX2021-15）。

国内外学者针对粮食最低收购价政策的效果评估可分为两类：首先，有学者认为政策可以稳定种粮收益，刺激粮食生产（张照新和陈金强，2007；蒋和平和吴桢培，2009；贺伟，2010；王士海和李先德，2012）；其次，也有学者认为最低收购价政策会影响市场发挥自动调节粮食价格的作用，且增加了国家的财政负担，随着时间的推移，政策在促进小麦增产效果上逐渐减弱（李光泗和郑毓盛，2014；李光泗等，2017；蒋和平，2018）。此外，学界尚未对政策是否应该继续实施以及具体的优化路径等问题达成共识。有学者认为政策的负面溢出效应凸显，应该建立粮食目标价格制度来代替最低收购价政策（谢凤杰等，2017；王琳，2017）；另有学者认为我国作为人口大国，口粮安全极其重要，最低收购价政策在稳定粮食生产上具有重要作用，针对政策带来的负面效应，可以通过政策改革予以调整，最低收购价政策不能被完全替代（于晓华等，2017；鲍国良和姚蔚，2022）。

对于最低收购价政策的效应评估，已经有了不错的研究基础，但是政策市场化改革后对粮食增产、粮农增收、价格调控等多目标问题的解决，还缺乏完整的理论研究框架。本文通过分析粮食最低收购价政策各阶段目标实施效果，明确政策历次演变下的激励机制，进一步分析政策改革下的多目标实现效果及政策改革面临的现实约束，为政策的市场化改革方向提供具体的路径建议，助力保障我国粮食安全。

二、最低收购价政策市场化改革演变历程

（一）政策演变

最低收购价政策演变是多种因素综合作用的结果。最低收购价政策在实施过程中既要考虑纵向的长期目标，又要兼顾横向的短期现实约束。最低收购价政策从 2004 年实施至今经历了三个时期：政策实施初期（2004~2008 年），该时期的政策目标为稳定种粮预期，促进粮食增产；最低收购价持续上调时期（2009~2015 年），该时期的政策目标为规避国际粮价过低风险，稳定粮农收入；政策市场化改革时期（2016 年至今），该时期的政策目标为捋顺粮食价格形成机制，调节粮食供需结构性矛盾。

1. 政策实施初期

最低收购价政策设立的最初目标是为了刺激粮食增产。自 1998 年以来，伴随粮农种粮收益的下降，粮食产量持续下滑，粮食产量从 1998 年的 51230 万吨下降至 2003 年的43070 万吨，下降总幅度达 16%[①]。同时，粮食价格上涨飞快，持续下去将严重影响我国粮食安全。为了促进粮食增产、保障市场供应及稳定粮农种粮收益，国务院在 2004 年决定全面放开粮食购销市场，实现粮食购销市场化。同时，要求"充分发挥价格的导向作用，当粮食供求发生重大变化时，为保证市场供应与粮农利益，必要时可由国务院决定对短缺的重点粮食品种，在粮食主产区实行最低收购价格"。2004 年 5 月 26 日国务院颁布《粮食流通管理条例》，第一次明确提出"最低收购价格"的说法，目的是区别于以往的保护价。至此，最低收购价政策正式设立。

最低收购价政策通过"托低平高"的作用机制来实现"稳产、保供、稳价"。政策"托低"是指通过托市收购农民粮食来保障种粮收益，稳定粮食生产；政策"平高"是指

---

① 根据《中国统计年鉴》2003 年和 1998 年全国粮食产量数据计算所得。

通过储备粮食来调剂市场余缺，平抑粮价的过度波动。此外，最低收购价政策承担粮食产后销售、烘干和储备一系列工作，解决了粮农的后顾之忧。

最低收购价政策设立的收购品种为稻谷和小麦，两类粮食由于生长区域不同，在收购时间上存在差异。2004 年早籼稻和中晚籼稻开始实施最低收购价政策，2006 年小麦开始实施最低收购价政策。稻谷针对不同品种的执行时限存在差别，2017 年前早籼稻执行时间为 7 月 16 日~9 月 30 日，中晚籼稻执行时间分为两个，江苏、安徽、江西、河南、湖北、湖南、广西、四川 8 省（区）执行最低收购价收购的时间为 9 月 16 日~12 月 31 日，辽宁、吉林、黑龙江 3 省为 11 月 16 日~3 月 31 日。最初阶段稻谷最低收购价政策预案执行范围包括吉林、黑龙江、安徽、江西、湖北、湖南、四川 7 省，2008 年实施范围扩大到 11 个省（区），新增辽宁、江苏、河南、广西 4 个省（区）。小麦基本在北方生产，2017 年前执行时限都为 5 月 21 日~9 月 30 日。执行范围一直未变，包括河北、江苏、安徽、山东、河南和湖北 6 省。

2. 收购价格持续上调时期

面对国际粮食市场价格的异常剧烈波动，国家针对稻谷和小麦的最低收购价目标也从促进粮食增产变为稳定种粮收益。2008 年国际金融危机叠加粮食危机，导致国际粮食价格异常波动。国际粮食价格大幅上涨后急速暴跌，而粮食生产要素价格却一路飙升，为了稳定粮农种粮收益，从 2008 年开始，国家不断提升最低收购价支持水平。具体来看，针对稻谷市场而言，早籼稻、中晚籼稻和粳稻的最低收购价分别从 2008 年的每 50 公斤 77 元、79 元和 82 元提高到 2013 年的每 50 公斤 132 元、135 元和 150 元，增幅分别为 71%、71% 和 84%；就小麦市场而言，2008~2013 年，白小麦、红小麦和混合麦的价格分别从 2008 年的每 50 公斤 77 元、72 元和 72 元提高到 2013 年的第 50 公斤 112 元、112 元和 112 元[①]，增幅分别为 45%、56% 和 56%；粮食最低收购价格的持续上调帮助国内粮农规避了国际粮食价格异常波动风险，但同时"超稳定"的粮食价格引发了政策效用以外的众多溢出效应。一方面，最低收购价不断提升造成国内外粮食价格倒挂，导致粮食进口不断增加。国内粮食产量和进口量持续增长导致粮食收储量不断增加，国家粮食库存激增增加了国家的财政负担、导致国有粮食收储企业套利行为、粮食不分品质收购行为及面临国企销售难等困境。另一方面，作为粮食流通中间主体的粮食加工企业在这一时期同样面临困难，原粮价格的上涨导致粮食加工企业加工成本不断上涨，但由于粮食需求弹性小，普通品质的粮食产品在市场的销售空间有限，导致粮食加工企业的销售利润被不断挤压。一系列政策目标之外的负面溢出效应，倒逼政策必须改革。

3. 政策市场化改革时期

在粮食最低收购价政策负面效应凸显背景下，国家开始有意识地扭转最低收购价"只涨不跌"的预期，粮食最低收购价政策市场化改革正式开始。政策对收购价格上、收购时间上、收购标准上和收购量上逐一进行改革。

2015 年稻谷和小麦从收购价格上开始了市场化改革。从 2015 年开始，稻谷收购价格不再上涨，2016 年小幅下调早籼稻收购价格，2017 年早、中晚籼稻和粳稻的价格均有所

---

① 根据国家发展改革委每年发布的粮食最低收购价政策预案数据计算所得，下文粮食最低收购价格均来自国家发展改革委每年发布的最低收购价政策预案。

下调。2018 年开始早、中晚籼稻和粳稻价格全面大幅下调，早籼稻、中晚籼稻和粳稻价格分别从 2017 年的 1.3 元/斤、1.36 元/斤、1.5 元/斤下调至 1.2 元/斤、1.26 元/斤、1.3 元/斤。小麦的变化同稻谷相似，国家从 2015 年开始停止上调小麦最低收购价格，2018 年首次下调小麦最低收购价格，收购价相比 2017 年每斤下调 0.03 元，2019 年收购价格每斤再次下调 0.03 元。

最低收购价政策收购时间推迟，为市场化收购预留足够时间。从 2018 年开始，早籼稻收购启动时间往后推迟 15 天，并且将收购时间从一个半月缩短为一个月；中晚籼稻收购启动时间推迟 25 天左右，收购时间缩短 20~25 天；粳稻启动收购时间推迟 7 天，收购时间相应缩短 7 天；小麦收购启动时间推迟 10 天左右，收购时间相应缩短 10 天。

最低收购价政策收购标准变为三等及以上粮食由国家进行收购，着力解决粮食供需结构性矛盾。政策市场化改革后，无论是稻谷还是小麦，对其收购质量的要求均变为国标三等及以上，三等以下的粮食由各地政府处理，国家不再通收所有品质的粮食。

最低收购价政策收购量变为限量收购，解决粮食库存量巨大问题。2020 年起对稻谷最低收购价政策限定收购总量，限定稻谷收购总量为 5000 万吨（籼稻 2000 万吨、粳稻 3000 万吨）。限定收购总量分两批次下达，第一批数量为 4500 万吨（籼稻 1800 万吨、粳稻 2700 万吨），不分配到省；第二批数量为 500 万吨（籼稻 200 万吨、粳稻 300 万吨），视收购需要具体分配到省。2020 年小麦最低收购政策也开始实行定量收购，收购总量为 3700 万吨。限定收购总量分两批次下达，第一批数量为 3330 万吨，不分配到省；第二批数量为 370 万吨，视收购需要具体分配到省。

（二）政策作用机制

市场化改革之后的粮食最低收购价政策依然具有稳定调控机制，政策目标为稳产、稳收及稳价。粮食最低收购价政策是通过直接干预市场价格以实现政策目标的政策工具。改革之后，政策的作用机制并没有发生变化。一个行之有效的政策一般需满足三个要求：提高资源的配置效率、有效降低信息成本、最大限度协调各方福利。本文通过对改革之后的最低收购价政策进行效应评估，来评价政策改革之后的目标实现情况。

1. 预期效应

预期效应是指最低收购价政策的实施，保障粮农的种粮预期收益。粮农对粮食价格的变化反应最为敏感，当粮食价格保持在合理稳定的价位时，粮价就成为刺激粮农进行粮食生产的信号。一旦粮食价格波动起伏具有不确定性，种粮的风险性就会增加，导致粮农在粮食价格回落或收益较低时改变粮农种植决策，粮农会通过减少播种面积或调整种植更高收益品种，粮食产量就会相应减少，进而影响国家粮食供给安全。

最低收购价政策的"托低"作用机制，为粮农种粮收益提供了强有力的保障。最低收购价政策的作用机制提前公布粮食最低收购价，粮农在国家规定的政策区域内，种植符合国家收购标准的粮食品种，在市场收购完成后，国家会收购剩余部分粮食，有效提升了粮农种粮预期收益。并且政策作用机制从 2004 年实施到 2020 年限量收购为止，一律适用。这也解释了为什么在最低收购价政策市场化改革后，即使收购价格不断调低，我国粮食产量依然增加。最低收购价政策是我国为了保障粮食安全在主要粮食产区实施的粮食价格稳定政策，为粮价的稳定性撑起了一把保护伞，保障了粮农的种植收益，同时增强了粮食主产区抵御市场风险的能力。

2. 保险效应

保险效应是指最低收购价政策的托市收购政策，承担了粮食收获之后的市场风险。粮食生产面临着两大风险：一是自然风险，二是市场风险。粮食生产在没有政策支持的情况下，粮食市场调控的规则是，粮食丰收，供过于求，粮食价格下跌。导致农民卖粮难且卖不到好价格，粮食丰收但粮农不增收的结果会严重挫伤农民种粮的积极性，最终导致"粮贱伤农"；而粮食减产，供不应求，粮食价格上涨，粮食价格作为百价之基，粮价上涨会引发通货膨胀，最终导致"粮贵伤民"。最低收购价政策作为稳定政策的一种，政府或以能保障粮农种粮成本的最低收购价，收购所有市场未能消化的余粮，解决粮农的后顾之忧；或增加粮食储备来扩大市场上粮食投放量，稳定粮食市场价格，保障粮食供需的稳定。

3. 财富效应

财富效应是指粮食最低收购价政策实施减少了粮农种粮的成本，提升了粮农种粮的综合收益。最低收购价政策市场化改革后，考虑到种植经验、改变种植品种需要承担的风险以及政策的保险功能，即便政策不是完全的托市收购，考虑到综合成本收益，粮农还是会选择种植政策支持导向下的粮食品种。粮食生产和收获的季节性特征，导致粮农选择农闲时寻求到城市兼业发展。从经验成本和市场风险角度出发，虽然种植稻谷和小麦收益不高，但其种植要求较低，便于兼业，且收获后易于出手。于粮农而言，种植稻谷和小麦具有更强的综合效益。通过分析农村居民收入变化可以发现，虽然种粮收益降低，但是种粮农民可支配收入不断提升，由此进一步说明，最低收购价政策有助于保障粮农收入。

三、最低收购价政策市场化改革效应评估与现实困境

（一）最低收购价政策市场化改革效应评估

1. 粮食产量持续增收，进口量依然波动上升

粮食最低收购价政策市场化改革后，粮食产量持续增收。最低收购价政策从 2004 年确立以后，扭转了 1998 年起粮食产量逐年下滑的局面，从图 1 可以看出，全国稻谷及小麦生产总量连年上涨，说明最低收购价政策的实施在提升农民种粮积极性以及稳定粮食生产等方面起到了重要的促进作用。2015 年开始政策市场化改革转变了完全托底的作用机制，粮食收购标准的提高和收购数量的限定意味着政策并不能完全满足粮农种粮收入预期，粮食生产的市场风险分担比例出现变化。但通过我国 1998~2022 年的数据发现，粮食总产量、稻谷产量和小麦产量受政策市场化改革的影响不大，产量增加趋势依然稳定。

此外，粮食进口量并没有随最低收购价政策的市场化改革而出现下降。最低收购价在 2008 年之后持续上调，导致国内外粮食价格倒挂，从而导致国粮入库，进口粮数量同时增加的局面。但从 2015 年最低收购价政策向市场化改革以来，稻谷和小麦的进口量并没有下降，且还在波动上涨。而我国稻谷和小麦的产量已经可以达到自给率 100%[①]，并不存在供给短缺问题，之所以从国外进口稻谷和小麦，除国内外价格差异外，最主要的原因是国

---

① "十三五"农业农村发展各项目标任务胜利完成，中华人民共和国国务院新闻办公室，http: // www. scio. gov. cn/xwfbh/xwbfbh/wqfbh/42311/44061/zy44065/document/1690670/1690670. htm.

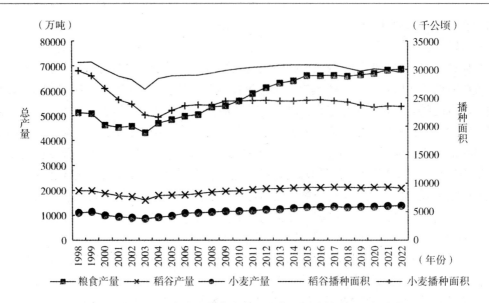

图 1　1998~2022 年全国粮食产量及小麦、稻谷播种面积及产量

资料来源：历年《中国统计年鉴》，经整理所得。

内对高端稻米和小麦产品的需求增加，需要从国外进口来调剂余缺。最低收购价政策在 2015 年进行市场化改革后，对粮食的收购质量提出了要求，目的是通过价格来促进优质稻、麦的生产，缓解粮食市场供需失衡。但通过图 2 的数据可以发现，稻米和小麦的进口量并没有因此减少，除玉米收储制度改革带来的小麦饲用替代消费增长以外，最主要原因还是国内稻米和小麦的高端供给不足。

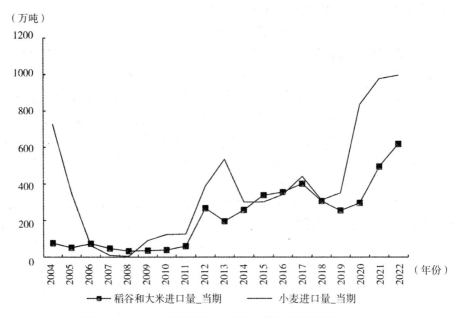

图 2　2004~2022 年稻谷和大米及小麦年度进口量

资料来源：中经网数据库，海关总署（2004~2022 年），经整理所得。

2. 粮食增产不增收现象凸显，粮食种植成本不断上涨

种粮增产不增收现象凸显，种粮成本加速上涨。自最低收购价政策实施以来，稻谷和小麦的亩均主产品产量就处于波动上升状态，平均销售价格也从前期的上升状态趋于平稳，证明政策的托市效果良好（见图 3）。但同时研究发现，在粮食最低收购价政策市场化改革以来，粮食增产不增收现象凸显。在粮食亩均主产品产量上升的同时，粮食生产每亩净利润呈波动下降趋势。研究进一步对比了稻谷和小麦每亩的生产成本、人工成本，发现种粮收益下降的原因与种粮成本上涨较快有关（见图 4）。同时，在最低收购价政策改革后，政策弱化了保收益的目标。政策目标的转变伴随粮食生产成本的上涨加快，长期下去，可能会对我国粮食安全造成威胁。

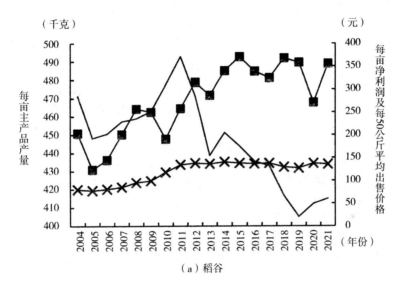

（a）稻谷

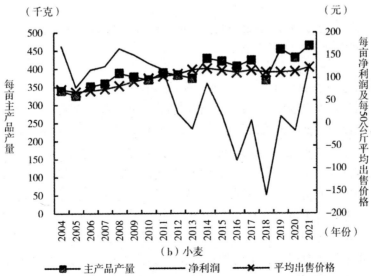

（b）小麦

――■――主产品产量　　――――净利润　　――×――平均出售价格

图 3　2004~2021 年稻谷和小麦每亩主产品产量、净利润与每 50 公斤平均售价

资料来源：历年《农产品成本收益资料汇编》。

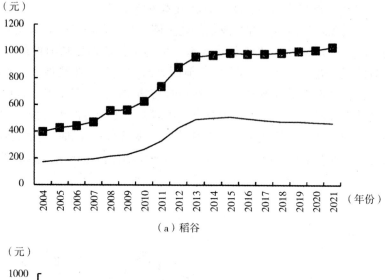

（a）稻谷

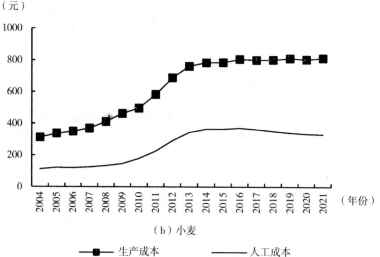

（b）小麦

■— 生产成本　　　—— 人工成本

图 4　2004～2021 年稻谷和小麦每亩生产成本和人工成本
资料来源：历年《农产品成本收益资料汇编》。

3. 国内外粮食价格扭曲回正，"稻米、麦面"价差优化

自最低收购价政策市场化改革以来，粮食价格的市场扭曲程度不断减弱。下面通过两个方面价格对比评价最低收购价政策市场化改革后的价格捋顺情况，一是国内外粮食价格倒挂是否回正；二是"稻强米弱，麦强面弱"局面是否得到改善。

自最低收购价政策实施以来，不断上调的最低收购价确实保障了粮农种粮收益，规避了国际粮食市场价格波动风险，但同时也引发了国内外粮食价格倒挂问题。而国内外粮食价格倒挂问题，随着政策市场化改革后逐渐得到好转。以小麦为例，图 5 显示 2011～2023 年美麦到港完税价格与国内贸易商报价三等白小麦价格比较，通过比价发现，从 2015 年最低收购价政策市场化改革后，国内外小麦价格倒挂逐渐回正，从 2018 年开始，国内小麦价格随国际小麦价格变动而变动，两者价格传导关联性紧密，两者价差逐渐减小。

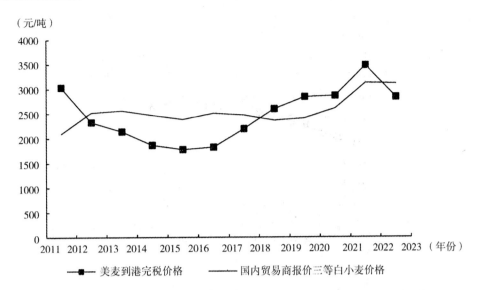

图 5　2011～2023 年美麦到港完税价格与国内贸易商报价三等白小麦价格比较

资料来源：布瑞克数据库，经整理所得。

最低收购价政策市场化改革之后，"稻米、麦面"价差逐渐趋于优化。从图 6 可以看出，2007～2014 年无论是稻米比价还是麦面比价，价差都在不断缩小，最低收购价不断上调时期，价格抬高引发"稻强米弱"和"麦强面弱"现象。处于粮食流通中间环节的粮食加工企业面临成本上涨问题，但由于粮食产品需求弹性小，米价、面价无法同比例上涨，从而导致很多粮食加工企业面临亏损。在 2014 年最低收购价政策市场化改革后，从图 6 可以看出，麦面价差和稻米价差在不断扩大，价差逐渐回正。值得说明的是，小麦在 2020 年后价格上涨，是由于小麦饲料粮需求增长、极端气候导致全球小麦减产及俄乌冲突等原因导致的，并非由于政策原因。所以，政策调整在很大程度上将顺了粮食价格形成机制，对于粮食加工企业的正向发展有重要意义。

（二）最低收购价政策市场化改革的现实困境

1. 粮食供需结构性矛盾愈发失衡

最低收购价政策稳定了粮食生产，但并未满足居民对于高端粮食产品的需求。随着经济社会发展，人民生活水平不断提升，未来居民对于高端食品的需求将持续升级。从我国的小麦进口量数据来看，2006 年实施最低收购价政策时，我国的小麦进口量只有 61.28 万吨，2021 年我国小麦进口达 977 万吨[①]，2023 年 4 月美国农业部预测中国将成为 2022～2023 年全球最大的小麦进口国，预计进口 1200 万吨[②]。我国每年的小麦生产量是完全可以保障国内对于小麦的数量需求的，但小麦进口量却持续提升，原因就是国内粮食供需结构性失衡，生产的粮食产品并不能满足居民的消费需求。尽管我国一向坚持的粮食安全政

---

①　数据来源：中经网统计数据库海关月度库，计算所得。

②　World Agricultural Supply Demand and Estimates－April 2022, USDA, April 8, 2022, https：//www.fas.usda.gov/data/briefing-slides-may-2022-wasde.

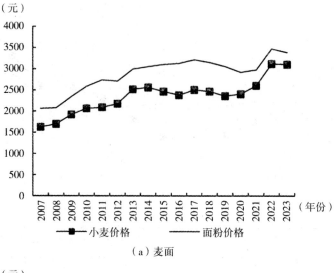

（a）麦面

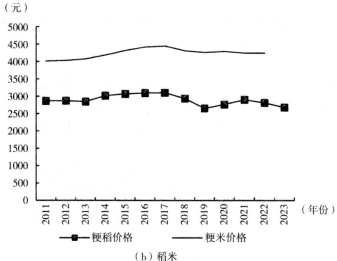

（b）稻米

图 6　粮食批发市场麦面及稻米比价

资料来源：布瑞克数据库，经整理所得。

策为口粮自给，但随着粮食供需结构性失衡的进一步加剧，对于国内的粮食安全来说是存在隐患的。

2. 国际粮食市场供应量进一步短缺

俄乌冲突导致国际小麦供应量减少。俄罗斯和乌克兰都是国际上重要的小麦生产国，乌克兰还是世界上最大的小麦生产国和出口国，但是受俄乌冲突影响，乌克兰成为粮食受助国。乌克兰农业政策和粮食部将 2022 年全国主要农作物播种面积从 1692 万公顷下调至 1344 万公顷①。美国农业部预测，受俄乌冲突持续的影响，2022~2023 年乌克兰小麦产量

---

① 《燃料肥料短缺 粮食面临大幅减产》，《经济参考报》2022 年 4 月 15 日。

预计为 2150 万吨，比 2021~2022 年减少 1150 万吨①。俄乌冲突导致小麦减产，并且出于对自身国家粮食安全的考虑，两国都对粮食出口进行限制。导致国际粮食市场上小麦供应量减少，全球小麦价格将会面临再度上涨。国际小麦供应量减少还会引发粮食产业的贸易保护主义，导致粮食出口国对粮食出口更加谨慎，而粮食进口国则面临粮食供应短缺及国内粮食价格上涨。对于我国来说，作为世界上最大的粮食进口国，持续上涨的进口需求和不断减少的小麦供给，会对我国粮食供给安全产生影响。

3. 国际粮食市场价格陷入无序波动

国际粮食市场价格频繁无序波动风险加剧全球粮食市场不安全性。近年来，受众多异常因素影响，国际粮食市场价格异常波动频发，极端情况下还会出现国际粮食价格持续高位震荡。同时，粮食金融化、极端气候增多还会引发粮食供应紧张及大宗产品通货膨胀。最低收购价政策平抑粮食价格波动会面临更多困难，且随着政策市场化改革，对价格的调控作用逐渐减弱，粮食价格主要受市场供需影响。最低收购价政策面对国际粮食市场价格异常频繁波动风险，对国内的粮食生产还是会产生重要影响。

四、最低收购价政策优化路径与方向

（一）推行粮食最低收购价政策区域化改革，进一步稳定国内粮食供给

在粮食安全省长责任制下，依据粮食最低收购价政策实施区域粮食生产条件及粮食供需状况差异，因地制宜地推行了粮食最低收购价政策区域化改革。针对粮食主产区、主销区和产销平衡区的经济发展水平、粮食生产品种的差异，有所侧重和区分地实施政策。精细化设计粮食最低收购价政策，不仅可以体现不同区域环境、经济发展、消费习惯、需求变化的差异，还能有效提升政策实施效率、提升政策支持的精确性。对于稻谷和小麦两大口粮，应在确保最低收购价政策基本框架不变的基础上，通过调整收购品种、收购数量、收购区域等收购启动条件，减少市场干预，同时引入其他支持手段确保地方政府和农业生产者的种粮积极性。对于粮食主产区、主销区和产销平衡区的产量大县，主要目标是稳产，因此国家和省份应在上述地区进一步加强专项转移支付补贴力度，保障粮农的种植收益，稳定粮食生产。对于粮食主销区和产销平衡区的另外一个目标是提升粮食产业高质量发展，促进粮食一二三产业融合，提升粮食产业链韧性。因此，国家和相关省份应对粮食流通企业加强政策及资金的扶持力度。此外，在分区域支持的基础上，还要针对所有政策实施区域，增加一般性、基础性的政策支持，通过开发粮食保险、建设基础设施等手段，增强粮食生产者抵抗自然灾害和市场风险的能力，构筑粮食安全网。

（二）针对不同规模农户差异化政策支持，不断健全政策改革的预期与风险分担机制

对不同规模的粮食经营主体，差异化实施政策支持，对粮农种粮过程中的风险进行分担。针对小农户，增加以"兜底"为主的保险。小农户一般为"兼业"农户，种粮的主要目的不仅仅是为了盈利，所以，应增加收入保险、完全成本保险等收入补贴，稳定种植

---

① World Agricultural Supply Demand and Estimates - May 2022, USDA, May 12, 2022, https：//www. fas. usda. gov/ data/briefing-slides-may-2022-wasde.

农户的生产积极性。针对规模经营农户，引导财政支持专业发展。规模经营农户一般为生产性服务组织、合作社、家庭农场和种粮大户。规模经营类型的农户，经营规模大，专业性强，已经成为目前农业生产的主要经营主体。针对这种类型的农户，应该针对其绿色种养方式、机械化发展水平、产业链建设等增加财政支持，同时鼓励和引导商业性金融机构加大对规模经营主体的普惠金融支持，解决规模经营主体在提升粮食产业高质量发展过程中的资金约束问题。

（三）建立政策改革下的粮食市场风险防范机制，有效规避国际粮食市场风险

由于国内外粮食市场的深度融合，在粮食最低收购价政策市场化改革进程中，应注重粮食市场风险防范。首先，针对国际粮食市场价格波动异常风险，应着力提升粮食储备体系的储备投放效率。建立国际粮食供应链风险监测预警体系，综合考虑国内粮食生产、消费、储备、贸易及国际粮食市场变化等情况，建立健全粮食全产业链信息库，对粮食全产业链信息进行动态监测，及早预警国内外粮食市场风险，及时公布国内粮食生产、储备、贸易等数据，稳定国内粮食市场价格及粮食生产。其次，针对粮食进口需求增加问题，应着力提升国内粮食生产能力。深入实施藏粮于地藏粮于技战略，中国人的饭碗里装自己的粮。最后，提升粮食产业高质量发展能力。粮食产业融合发展可以提升粮食产业整体的抗风险能力，提升国际粮食市场信息获取能力及话语权，有效保障国家粮食安全。

参考文献

［1］张照新，陈金强．我国粮食补贴政策的框架、问题及政策建议［J］．农业经济问题，2007（7）：11-16+110．

［2］蒋和平，吴桢培．湖南省汨罗市实施粮食补贴政策的效果评价——基于农户调查资料分析［J］．农业经济问题，2009，31（11）：28-32．

［3］贺伟．我国粮食最低收购价政策的现状、问题及完善对策［J］．宏观经济研究，2010（10）：32-36+43．

［4］王士海，李先德．粮食最低收购价政策托市效应研究［J］．农业技术经济，2012（4）：105-111．

［5］李光泗，郑毓盛．粮食价格调控、制度成本与社会福利变化——基于两种价格政策的分析［J］．农业经济问题，2014，35（8）：6-15+110．

［6］李光泗，王莉，刘梦醒．粮食价格支持与农业生产反应——基于小麦数据的实证分析［J］．江苏师范大学学报（哲学社会科学版），2017，43（6）：126-132．

［7］蒋和平．粮食政策实施及其效应波及：2013~2017 年［J］．改革，2018（2）：64-74．

［8］鲍国良，姚蔚．我国粮食补贴政策问题与对策——基于"险补结合"粮食补贴政策分析［J］．江西财经大学学报，2022，141（3）：87-95．

［9］谢凤杰，宋宝辉，吴东立．WTO 框架下粮食价格保险政策归属及其改进［J］．农业现代化研究，2017，38（2）：212-218．

［10］王琳．当前粮食产业链面临的突出问题与对策［J］．当代经济，2017（4）：54-56．

［11］于晓华，武宗励，周洁红．欧盟农业改革对中国的启示：国际粮食价格长期波动和国内农业补贴政策的关系［J］．中国农村经济，2017（2）：84-96．

Research on the Market–Oriented Reform Effect of the Minimum Acquisition Price Policy: Mechanism, Problems, and Directions

CHEN Sisi   LI Guangsi

(*Institute of Food and Strategic Reserves, Nanjing University of Finance and Economics,*

Jiangsu Nanjing, 210003)

Abstract: The macro–regulation policy on food is crucial for ensuring national food security. With the establishment of the market–oriented reform path for the minimum grain purchase price policy, the policy objectives have accordingly shifted. By analyzing the evolution and mechanisms of the market–oriented reform of the minimum grain purchase price policy, and evaluating the current status of the grain industry development under the reform, we find that after the policy reform, China's grain production still shows a growing trend, and the grain market price is gradually returning to a reasonable level. However, at the same time, the fluctuation of grain imports is on the rise, and the income from grain production is declining rapidly. Further analysis of the practical environment of policy reform reveals three major risks currently faced by the domestic grain market: Structural contradictions between grain supply and demand, shortage of international grain supply, and disordered price fluctuations in the international grain market. Based on the above research, this paper proposes to fully promote the regionalization reform of the minimum grain purchase price policy, further stabilize domestic grain supply, provide differentiated policy support for farmers at different levels and scales, continuously improve the expectation and risk sharing mechanism of policy reform, establish a risk prevention mechanism for the grain market under policy reform, and effectively avoid risks in the international grain market.

Key Words: Minimum Acquisition Price Policy; Market–Oriented Reform; Mechanism of Action; Macro–Control

数字经济背景下中国农产品流通效率测度及影响因素研究[①]

左秀平[1,2]　　高国生[1]

(1. 南京财经大学 粮食和物资学院，江苏 南京 210023

2. 江苏开放大学 商学院，江苏 南京 210013)

摘　要： 提升农产品流通效率是建设现代化农产品流通体系的重要组成部分。本文采用 DEA-Malmquist 指数法测度 2011~2020 年中国农产品流通效率，并分析其影响因素。研究发现，农产品流通效率呈波动上升趋势，规模化、组织化程度有待提高，且东、中、西部地区存在差异。劳动力投入对农产品流通效率提升存在显著负向影响，交通基础设施建设、居民消费水平、数字经济发展水平对农产品流通效率提升存在显著正向影响，人均农产品产量、农产品交易市场个数对农产品流通效率提升存在正向影响但不显著。因此，提升农产品流通业从业人员素养，鼓励各参与方开展技术研发，培育农产品流通龙头企业，完善农产品流体载体建设，加快投入新基建、大力发展数字经济，对保障农产品高效供给、推动建设现代化农产品流通体系具有重要现实意义。

关键词： 数字经济；DEA-Malmquist 指数法；农产品流通效率；农产品流通体系

2022 年中央一号文件明确提出，要持续推动乡村振兴取得新进展、实现农业农村现代化迈出新步伐。现代化的农产品流通体系的构建是实现农业农村现代化的基础，作为连接农产品生产端至消费端的纽带，高效的流通体系既能保障农产品的市场稳定健康发展，又能保证粮油蔬果等农产品的高效供给。然而，农产品流通行业的技术水平落后、信息化程度低、经营主体规模小且分散制约着农产品流通的效率，影响现代化农产品流通体系的构建。因此，测度农产品的流通效率并深入分析其影响因素，对建设现代化的农产品流通体系、保障农产品的高效供给具有重要现实意义。

一、文献综述

农产品的流通即农产品从生产端到消费端的流动过程，涉及流通主体、流通客体、流通载体和流通环境四个方面，农产品的流通效率主要表现为农产品在流通各环节所耗费的资源和时间，包括农产品的流通速度和消耗成本两个方面（李骏阳和余鹏，2009）。纵观现有研究，学者们从产业链、城乡差距等视角选取不同指标对我国农产品流通效率进行测

---

① 收稿日期：2023-02-02。

基金项目：国家社科重大项目（19ZDA116）。

度，尽管测度方法有所差异，但关于中国农产品流通是否高效的结论却大致相同，即我国农产品流通效率整体偏低，但随着我国经济的发展，农产品流通效率呈现波动上升趋势。此外，学者们还进一步探究了农产品流通低效的原因。孙剑（2011）指出，农产品不易存储、运输成本较高，是其流通效率低下的主要原因。不同地区农产品流通效率存在差异，一般而言由于东部地区具备较为完善的基础设施、较为充分的市场，其流通效率会更高（吴自爱等，2013；陈耀庭等，2015；何小洲和刘丹，2018；陈万盈等，2020）。影响农产品流通效率的因素中，备受学者们关注的主要有基础设施条件、农产品交易市场、农业政策等。在基础设施条件中，农产品仓储条件能够提高农产品交易时效，为农产品跨时跨区流通提供保障，交通基础设施建设则是连接不同时空农产品交易的桥梁（Mavi 等，2012；金赛美，2016；吕建兴和叶祥松，2019）。农产品交易价格、交易规模、交易渠道等市场因素同样会影响农产品流通效率（王娜和张磊，2016；李丽和胡紫容，2019；王朝辉等，2021）。随着互联网的发展和电子商务的应用，农产品流通业的经营模式发生了颠覆性的变化，生产者和消费者可以实时互联，交易成本有所下降、交易时空范围有所拓展，农产品流通效率具有一定程度的提升（王娟，2017；谢莉娟和王晓东，2020；李超凡，2021）。

互联网技术飞速发展，数字经济作为新的生产要素，具备创新性强、渗透性好、覆盖面广的优点，其凭借去中心化的网络效应和平台效应不仅打破了传统市场的时空限制、拓宽了区域市场的边界，而且推动各类资源要素的快捷流动、加速商品的运输及流通（俞彤晖和陈斐，2020）。现有研究多从农户、企业、产业链等视角展开对农产品流通效率的研究，但关注数字经济影响的研究较少。数字经济的发展能否有效渗透至农产品流通行业，我国农产品流通效率是否因此得到有效提升？数字经济的发展如何影响农产品流通，是否能够有效缓解我国农产品流通环节繁多、成本高昂、效率低下的问题？还有哪些因素对我国农产品流通效率产生影响？基于此，本文拟采用 DEA-Malmquist 指数法测度 2011~2020 年全国 31 个省份农产品流通效率，分析数字经济背景下农产品流通效率的影响因素，以期为提高农产品流通效率、构建现代农产品流通体系、建设农业农村现代化提供政策建议。

二、数字经济背景下农产品流通效率分析

（一）DEA-Malmquist 指数法

关于农产品流通效率的测度，学界采用的方法主要包括随机前沿分析法和数据包络分析法。Aigner 等（1977）提出的随机前沿分析法是通过将先验的生产函数的误差项分解为随机误差项和效率误差项从而确定效率，这种分析法需要确定生产函数的形式，研究结论与实际情况相比可能存在偏差。数据包络分析法（DEA 法）由 Fare 等（2008）提出，通过测度 Malmquist 指数确定全要素生产率的大小，并对其进行分解，从而得出效率变化项和技术进步。由于该方法能够反映各项效率的动态变化情况，有助于深刻理解各项效率的时序特征，因此本文拟采用该方法。Malmquist 指数的表达式为：

$$M\left(x^{t+1}, y^{t+1}, x^t, y^t\right) = \left[\frac{D^t\left(x^{t+1}, y^{t+1}\right)}{D^t\left(x^t, y^t\right)} \times \frac{D^{t+1}\left(x^{t+1}, y^{t+1}\right)}{D^{t+1}\left(x^t, y^t\right)}\right]^{\frac{1}{2}} \quad (1)$$

式（1）可分解如下：

$$M\left(x^{t+1},\ y^{t+1},\ x^{t},\ y^{t}\right)=\frac{D^{t}\left(x^{t+1},\ y^{t+1}\right)}{D^{t}\left(x^{t},\ y^{t}\right)}\times\left[\frac{D^{t}\left(x^{t},\ y^{t}\right)}{D^{t}\left(x^{t+1},\ y^{t+1}\right)}\times\frac{D^{t+1}\left(x^{t},\ y^{t}\right)}{D^{t+1}\left(x^{t+1},\ y^{t+1}\right)}\right]^{\frac{1}{2}} \quad (2)$$

其中，$\left(x^{t},\ y^{t}\right)$ 和 $\left(x^{t+1},\ y^{t+1}\right)$ 表示 t 期和 t+1 期的投入产出向量。$\frac{D^{t}\left(x^{t+1},\ y^{t+1}\right)}{D^{t}\left(x^{t},\ y^{t}\right)}$ 衡量的是效率项变化，记为 EFFCH，反映要素投入的产出效率变化，该值能够判断农产品流通领域能否具有最大经济社会效益。$\left[\frac{D^{t}\left(x^{t},\ y^{t}\right)}{D^{t}\left(x^{t+1},\ y^{t+1}\right)}\times\frac{D^{t+1}\left(x^{t},\ y^{t}\right)}{D^{t+1}\left(x^{t+1},\ y^{t+1}\right)}\right]^{\frac{1}{2}}$ 衡量的是技术效率，记为 TECH，反映由 t 期到 t+1 期生产者由于技术变化而产生的效率变化，可进一步分解为：

$$\left[\frac{D^{t}\left(x^{t},\ y^{t}\right)}{D^{t}\left(x^{t+1},\ y^{t+1}\right)}\times\frac{D^{t+1}\left(x^{t},\ y^{t}\right)}{D^{t+1}\left(x^{t+1},\ y^{t+1}\right)}\right]^{\frac{1}{2}}=\left[\frac{D_{v}^{t}\left(x^{t},\ y^{t}\right)/D_{c}^{t}\left(x^{t},\ y^{y}\right)}{D_{v}^{t}\left(x^{t+1},\ y^{t+1}\right)/D_{c}^{t}\left(x^{t+1},\ y^{t+1}\right)}\times\right.$$
$$\left.\frac{D_{v}^{t+1}\left(x^{t},\ y^{t}\right)/D_{c}^{t+1}\left(x^{t},\ y^{y}\right)}{D_{v}^{t+1}\left(x^{t+1},\ y^{t+1}\right)/D_{c}^{t+1}\left(x^{t+1},\ y^{t+1}\right)}\right]^{\frac{1}{2}}\times\frac{D_{v}^{t}\left(x^{t},\ y^{t}\right)}{D_{c}^{t+1}\left(x^{t+1},\ y^{t+1}\right)} \quad (3)$$

其中，$\left[\frac{D_{v}^{t}\left(x^{t},\ y^{t}\right)/D_{c}^{t}\left(x^{t},\ y^{y}\right)}{D_{v}^{t}\left(x^{t+1},\ y^{t+1}\right)/D_{c}^{t}\left(x^{t+1},\ y^{t+1}\right)}\times\frac{D_{v}^{t+1}\left(x^{t},\ y^{t}\right)/D_{c}^{t+1}\left(x^{t},\ y^{y}\right)}{D_{v}^{t+1}\left(x^{t+1},\ y^{t+1}\right)/D_{c}^{t+1}\left(x^{t+1},\ y^{t+1}\right)}\right]^{\frac{1}{2}}$ 为规模效率部分，记为 SECH，$\frac{D_{v}^{t}\left(x^{t},\ y^{t}\right)}{D_{c}^{t+1}\left(x^{t+1},\ y^{t+1}\right)}$ 为纯技术效率部分，记为 PECH。本文采用 M 指数即全要素生产率衡量农产品流通效率，如果 M>1，说明农产品流通是有效率的；反之，如果 M<1，说明农产品流通是低效率的。

（二）指标选取及数据来源

DEA-Malmquist 指数法需确定农产品投入和产出指标。在投入指标方面，基于柯布—道格拉斯生产函数（C-D 函数），考虑技术的不可衡量性，选取农产品流通业的资本投入和劳动力投入作为投入指标。具体而言，资本投入指标采用各地区交通运输业和批发零售业固定资产投资总额乘以农产品流通贡献率近似替代，劳动力投入指标采用各地区交通运输业和批发零售业就业总人数乘以农产品流通贡献率近似替代。此外，由于农产品运输的主要途径包括铁路、公路和水路等，因此选取铁路运输行业、公路运输行业及水路运输行业的就业人数总和进行衡量。在产出指标方面，采用农产品流通业产值表示，农产品流通业包括农产品批发零售业和农产品交通运输业，因此，采用农产品批发零售业和农产品交通运输业的产值总和表示。此外，考虑数据的可获得性，采用批发零售业和交通运输业的总产值乘以农产品流通贡献率近似替代。农产品流通贡献率采用农林牧渔业及交通运输业的产值总和占各省份 GDP 表示。

（三）农产品流通业效率评价

2011 年，北京大学发布数字普惠金融指数标志着中国数字经济得以发展。因此，本研究以 2011~2020 年为研究期，采用 DEA-Malmquist 指数法测算农产品流通效率，并将其进一步分解，得到不同年份的效率变化项（EFFCH）、技术效率项（TECHCH）、规模效率

（SECH）和纯技术效率（PECH）。

1. 农产品流通效率整体评价

表 1 测算结果显示，整体而言，我国农产品流通业的全要素生产率在波动中上升，且受 2019 年末新冠疫情（Covid-19）冲击，2020 年农产品流通业全要素生产率陡然下降。2011~2020 年的农产品流通业全要素生产率均值为 1.043，说明农产品流通业整体运行有效。其中效率项变化的均值为 1.001，技术效率项的均值为 1.048，技术效率项中的规模效率的均值为 0.998，说明农产品流通业的规模化、组织化程度还有待提高，纯技术效率的均值为 1.050，说明农产品流通业效率的提高主要得益于技术进步。这可能是因为自 2011 年以来，国家加大对农业领域的投资、实施各种惠农政策带动农产品流通领域管理和技术水平的提高。具体而言，效率项由 2011 年的 1.022 下降到 2019 年的 0.898，而技术效率项则由 2011 年的 1.067 上升到 2019 年的 1.217，技术效率中规模效率则未发生太大变化，纯技术效率项则由 2011 年的 1.060 上升至 2019 年的 1.220。这意味着，农产品流通效率的提高主要是来自技术进步的变化，而受抑于农产品流通业的效率项变化，尤其是资源配置效率，这进一步表明农产品流通领域的规模化、组织化仍存在很大的上升空间。拐点值变化方面，经过短暂的下降后，农产品流通效率在 2014 年迎来拐点，此后一直处于上升状态。2013 年，国家实施"一带一路"倡议，加大国内基础设施投入，推动铁路、公路、港口等交通枢纽互联互通，为农产品的高效流通提供保障。2016 年国家探索玉米市场化改革，取消了玉米临储制度，推出生产者补贴政策，提升农民种粮积极性。2017 年、2018 年政策效果显现，粮食市场化程度明显提高，农产品流通效率显著提升。然而，受 2019 年新冠疫情的影响，国内流通市场受阻，人力成本上升，具有不易存储特征的农产品行业更是受到波及，效率项、技术效率、规模效率及纯技术效率均存在不同程度下滑，农产品流通效率下降。

表 1 2001~2020 年农产品流通效率整体评价

年份	全要素生产率（TFPCH）	效率项变化（EFFCH）	技术效率（TECHCH）	规模效率（SECH）	纯技术效率（PECH）
2011	1.096	1.022	1.067	1.006	1.060
2012	0.985	1.000	0.997	0.988	1.010
2013	0.934	1.029	0.911	0.988	0.923
2014	1.015	1.005	1.018	0.998	1.020
2015	1.049	0.977	1.072	1.005	1.066
2016	1.044	1.030	1.010	1.001	1.009
2017	1.095	1.034	1.052	1.004	1.047
2018	1.138	0.970	1.183	0.995	1.189
2019	1.070	0.898	1.217	0.998	1.220
2020	1.004	1.047	0.956	1.002	0.954
均值	1.043	1.001	1.048	0.998	1.050

2. 东、中、西部地区农产品流通效率比较

表 2 分地区测算结果显示，2011~2020 年东、中、西部地区的农产品流通效率及各分解项与全国范围农产品流通效率的变化趋势一致，即随着时间的推移，各项数值均有所上升，但地区间仍存在差异。具体而言，农产品流通效率在 2011~2013 年小幅下降，在 2014~2018 年呈波动上升，在 2019~2020 年受新冠疫情冲击、人力成本上升等影响，农产品流通效率又有所回落。在全要素生产率和效率项方面，首先是中部地区位居第一，分别为 1.056、1.014；其次是东部地区，分别是 1.041、0.991；最后是西部地区，分别是 1.037、1.002。在技术效率项方面，东、中、西部地区的数值依次为 1.060、1.045 和 1.039。在规模效率项方面，东、中、西部地区的差异不大，均在 1.0 左右。究其原因，主要是中部地区涵盖山西、河南、安徽、湖北、江西和湖南 6 个省份，是我国农业人口的主要集聚地，拥有我国 28% 的人口数量，为农产品流通提供了市场保障。且安徽、湖北、河南是我国的农业大省，具有丰富的农业资源和适宜的气候条件，为农产品流通提供了基本保障。农产品供给端的推动和需求端的拉动，共同促进了中部地区农产品的高效流通。东部地区多为沿海省份，交通基础设施完善、市场经济相对发达，农产品流通业的技术效率较高，但受限于自然条件、农业生产要素禀赋等因素，农产品流通效率相对而言不具备优势。西部地区的农产品流通业的效率项、技术效率项及技术效率中的规模效率项，均在 1.0 以上，但数值不高，说明西部地区的农产品流通业的发展虽有效率，仍存在较大的提升空间。这主要由于国家实施的"一带一路"倡议、"西部陆海新通道"等，政府及社会大力投资新基建，为西部地区农产品的流通提供通道，积极推动农产品国内外贸易，提高了农产品的流通效率、规模效率及组织化程度。

表 2　东、中、西部地区农产品流通效率比较

年份	东部地区				中部地区				西部地区			
	tfpch	effch	techch	sech	tfpch	effch	techch	sech	tfpch	effch	techch	sech
2011	1.085	0.981	1.108	0.997	1.142	1.084	1.053	1.000	1.075	1.018	1.035	1.019
2012	0.950	0.978	1.003	0.970	1.018	1.028	0.989	1.001	0.994	1.002	0.998	0.996
2013	0.952	1.055	0.924	0.976	0.894	1.009	0.900	0.986	0.943	1.020	0.906	1.000
2014	1.055	1.016	1.043	0.996	1.007	0.994	1.015	0.999	0.985	1.002	0.996	0.999
2015	1.080	0.986	1.083	1.011	1.043	0.977	1.073	0.995	1.025	0.969	1.059	1.006
2016	1.069	1.030	1.032	1.005	1.014	1.000	1.020	0.996	1.042	1.050	0.980	1.002
2017	1.083	1.024	1.050	1.007	1.094	1.031	1.059	1.003	1.106	1.045	1.048	1.002
2018	1.089	0.923	1.185	0.996	1.210	1.030	1.167	1.004	1.136	0.972	1.194	0.988
2019	1.042	0.851	1.233	0.996	1.055	0.873	1.211	0.999	1.106	0.959	1.206	0.999
2020	1.005	1.068	0.938	1.003	1.080	1.118	0.961	1.002	0.952	0.979	0.969	1.002
均值	1.041	0.991	1.060	0.996	1.056	1.014	1.045	0.998	1.037	1.002	1.039	1.001

三、数字经济背景下农产品流通效率的影响因素分析

（一）模型构建

为具体分析数字经济背景下农产品流通效率的影响因素，构建如下计量模型：

$$\ln ce_{it} = \alpha_0 + \sum \alpha_k \ln X_{kit} + \mu_i + \gamma_t + \varepsilon_{it} \tag{4}$$

其中，i 表示地区，t 表示时间。ce_{it} 表示某地区 i 在时期 t 的农产品流通效率，X_{kit} 表示省级层面影响农产品流通效率的因素。此外，为减弱异方差的影响，对所有数据进行取对数处理。μ_i 表示市场 i 不可观测的省份固定效应，γ_t 表示时间效应，ε_{it} 表示随机误差项。

（二）变量选取

1. 被解释变量

被解释变量为农产品流通效率。从投入产出角度出发，采用 DEA-Malquist 指数分析法，测度农产品流通业的全要素生产率，即为农产品流通效率。

2. 解释变量

解释变量即影响中国农产品流通效率的所有因素。在数字经济背景下，结合中国农产品流通现状，基于已有研究的基础，从流通主体、流通客体、流通载体和流通环境四个方面归纳总结影响农产品流通效率的因素。

（1）流通主体，主要指农产品流通行业劳动力投入，采用各地区交通运输业和批发零售业就业总人数乘以农产品流通贡献率近似替代。一般而言，劳动力投入越多，农产品流通效率越高。因此，预期劳动力投入将对流通效率提高产生显著正向影响。

（2）流通客体，主要指农产品产量，采用各地粮食、棉油、水果蔬菜总产量除以年末总人口来表示，产量越高，说明农业资源越丰富，农产品流通消费就越能得到保障。因此，预期农产品产量对流通效率提高产生显著正向影响。

（3）流通载体，包括农产品交易市场个数及交通基础设施水平，农产品交易市场个数用亿元以上商品交易市场个数乘以农产品流通贡献率近似替代，交通基础设施水平用各地区交通密度来衡量，具体用公路、铁路、水路里程总数除以各地区行政面积来衡量。交易市场是农产品流通和交换的载体，交通基础设施保证了农产品交易的跨时空连接。因此，预期产品交易市场个数及交通基础设施水平对流通效率提高产生显著正向影响。

（4）流通环境，包括居民消费水平和数字经济发展水平。居民消费水平采用地区人均消费支出表示，数字经济发展水平从基础设施建设、互联网发展和数字交易三个维度，采用熵值法确定。消费水平越高，越能促进农产品的消费和流通；数字经济能够促进商品要素的跨时空流动、降低交易成本、削弱地区间的边界效应。因此，预期居民消费水平和数字经济发展水平对流通效率提高产生显著正向影响。

3. 数据来源及描述性统计

本文所使用的原始数据均来源于《中国农业年鉴》、《中国交通年鉴》以及《中国统计年鉴》。表 3 为各变量的描述性统计结果。由表 3 可知，取对数处理后的农产品流通效率的均值为 0.036，最大值为 0.498，最小值为 -0.423，说明我国不同地区的农产品流通效率存在差异。

表 3　各变量描述性统计

变量		样本数	均值	标准差	最小值	最大值
农产品流通效率	lnce	310	0.036	0.107	-0.423	0.498
劳动力投入	lnlp	310	3.642	1.011	-0.071	5.398
农产品人均产量	lnpao	310	6.848	0.656	3.874	7.850
农产品交易市场个数	lnctmn	305	2.814	1.131	-0.914	4.895
交通基础设施水平	lntran	310	-0.293	0.883	-2.961	0.926
居民消费水平	lncl	310	0.421	0.393	-0.681	1.517
数字经济发展水平	lnde	310	-1.911	0.640	-3.239	-0.265

（三）数字经济背景下农产品流通效率的影响因素分析

由于各省份农产品市场具有自身特点，且可能存在不随时间改变的遗漏变量，经 Hausman 检验发现，相较于随机效应模型，固定效应模型回归更优。此外，本文对所有年度虚拟变量的联合显著性进行检验，强烈拒绝"无时间效应"假设，故采用控制个体和时间的双向固定效应模型进行回归，回归结果如表 4 所示。

表 4　回归结果

变量		回归系数	标准差	z 统计量	Prob
劳动力投入	lnlp	-0.384***	0.051	-7.590	0.000
农产品人均产量	lnpao	0.001	0.043	0.030	0.975
农产品交易市场个数	lnctmn	0.079	0.042	1.850	0.074
交通基础设施水平	lntran	0.200*	0.126	2.380	0.124
居民消费水平	lncl	0.189*	0.089	2.110	0.043
数字经济发展水平	lnde	0.115*	0.045	2.580	0.015
常数项	C	1.290***	0.246	5.250	0.000

注：*、**、*** 分别表示 10%、5%、1% 的显著性水平。

回归结果表明，在流通主体方面，劳动力投入（lp）对农产品流通效率的影响系数为 -0.384，且在 1% 水平显著，即劳动力投入增加 1%，农产品流通效率会下降 0.384%，与预期效应相反。这可能是因为农产品流通领域从业人员的劳动者素质普遍不高、多且分散，进一步说明农产品运输及批发零售业的机械化程度越低、技术水平及转化未达预期，从而导致农产品流通效率低下。在流通客体方面，农产品人均产量（pao）对农产品流通效率的影响为正但不显著，且影响系数较小，这可能因为本文采用农产品生产量来度量流通客体，但只有成功运输至消费端的农产品才会经过流通过程，因而影响最终的检验结果。在流通载体方面，农产品市场交易个数（ctmn）的影响系数为正但不显著，随着互联网技术的发展，地区间的交易边界已经被弱化，跨越时空的电子商务交易已经成为主流，削弱了农产品交易市场的流通效应。交通基础设施水平（tran）的影响系数为 0.200，且在 10% 水平显著，农产品的长途流通运输主要依托水路和铁路，短途运输依托公路。交通基础设施水平越发达越完善，越能提高农产品的市场可达性、节约运输时间。在流通环境方面，居民消费水平（cl）的影响系数为 0.189，数字经济发展水平（de）的影响系数为 0.115，且均在 10%水平显著，与预期效应相符。居民消费水平越高，对粮食、蔬菜、水果等农产品的消费也会越高，消费拉动农产品流通的效应就越明显；数字经济的发展，尤其是物联网、大数据等数字技术的应用，实现了农产品供需的精准匹配、物流路线的实时跟踪，农产品交易跨越了地理距离的限制，更好实现了"小生产、大市场"的整合，流通速度提高，流通成本下降，流通效率明显提高。

四、研究结论及政策建议

本文以 2011~2020 年为研究期，采用 DEA-Malmquist 指数分析法测算数字经济背景下我国农产品流通效率及其影响因素，主要结论包括：一是农产品流通效率呈波动上升趋势，但其规模化、组织化程度有待提高，且东、中、西部地区存在差异，中部地区的农产品流通效率最高，其次是东部地区，西部地区农产品流通效率最低。二是劳动力投入对农产品流通效率的影响系数为-0.384，且在 1%水平显著；交通基础设施水平、居民消费水平和数字经济发展水平对农产品流通效率的影响系数分别为 0.200、0.189 和 0.115，均在 10%水平显著。三是农产品人均产量和农产品交易市场个数会促进农产品流通效率的提升但效果并不显著。

基于以上结论，本文提出以下几点政策建议：一是提高农产品流通业的从业人员素质，加大资本投入、鼓励技术创新，培育农产品流通龙头企业，改善农产品流通领域"小而散"的局面，全面加强农产品流通领域的规模化、组织化建设，提高农产品流通效率。二是加大投入交通基础设施建设，尤其是农产品冷链物流建设，加快绿色农产品生产基地和物流园建设，适应消费需求结构升级。完善农产品交易市场建设，建设专业化农产品交易中心和流转场所，开设农产品专门运输通道，给予各项政策优惠，全面提升农产品运输的可达性及流通效率。三是加大新基建、物联网、大数据等数字技术投入，尤其是中西部落后地区的互联网发展，缩小数字鸿沟，建设农产品批发、购销信息化平台，实现农产品产销实时匹配，推动现代化农产品流通体系建设，保障农产品有效供给。

参考文献

[1] 李骏阳，余鹏.对我国流通效率的实证分析 [J].商业经济与管理，2009（11）：14-20.

[2] 孙剑.我国农产品流通效率测评与演进趋势——基于 1998~2009 年面板数据的实证分析 [J].中国流通经济，2011，25（5）：21-25.

[3] 吴自爱，王剑程，王丽娟，项桂娥.欠发达地区农产品流通效率评价 [J].统计与决策，2013（24）：47-49.

[4] 陈耀庭，戴俊玉，管曦.不同流通模式下农产品流通效率比较研究 [J].农业经济问题，2015，36（3）：68-74+111.

[5] 何小洲，刘丹.电子商务视角下的农产品流通效率 [J].西北农林科技大学学报（社会科学版），2018，18（1）：58-65.

[6] 陈万盈，张学莲，周瑞博，刘芮君.基于三阶段 DEA 法的黑龙江省农产品流通效率评价及影响因素研究 [J].商业经济，2020（5）：6-10+82.

　　[7] Mavi H K, Sidhu R S, Sidhu J S. Investigating the Efficiency of Various Marketing Models and Problems of Kinnow Growers of Punjab [J]. Agricultural Economics Research Review, 2012, 25 (1): 87-97.

　　[8] 金赛美. 我国农产品流通效率测量及其相关因素分析 [J]. 求索, 2016 (9): 129-132.

　　[9] 吕建兴, 叶祥松. 中国农产品流通效率及其演变特征——基于流通环节的视角 [J]. 世界农业, 2019 (6): 46-57.

　　[10] 王娜, 张磊. 农产品流通效率的评价与提升对策研究——基于流通产业链视角的一个分析框架 [J]. 农村经济, 2016 (4): 109-114.

　　[11] 李丽, 胡紫容. 京津冀农产品流通体系效率评价及影响因素研究 [J]. 北京工商大学学报 (社会科学版), 2019, 34 (3): 41-50.

　　[12] 王朝辉, 陈洁光, 欧进锋. 农产品流通体系影响农产品价格波动的机理与路径——基于 92 户嵌入式个案实地调查数据的质性分析 [J]. 中国管理科学, 2021, 29 (12): 92-104.

　　[13] 王娟. 我国农村地区 "新农品流通+互联网" 创新发展研究 [J]. 改革与战略, 2017, 33 (7): 112-114.

　　[14] 谢莉娟, 王晓东. 数字化零售的政治经济学分析 [J]. 马克思主义研究, 2020 (2): 100-110.

　　[15] 李超凡. 产业互联网背景下的农产品流通数字化变革: 理论与对策 [J]. 中国流通经济, 2021, 35 (10): 12-20.

　　[16] 俞彤晖, 陈斐. 数字经济时代的流通智慧化转型: 特征、动力与实现路径 [J]. 中国流通经济, 2020, 34 (11): 33-43.

　　[17] Aigner D, Lovell C, Schmidt P. Formulation and Estimation of Stochastic Frontier Production Function Models [J]. Journal of Econometrics, 1977, 6 (1): 21-37.

　　[18] Fare R, Grosskopf S, Lovell C. Production Frontiers [M]. Cambridge: Cambridge University Press, 2008: 65-88.

Research on the Measurement and Influencing Factors of Agricultural Product Distribution Efficiency in China under the Background of Digital Economy

ZUO Xiuping[1,2]　　GAO Guosheng[1]

(1. *Nanjing University of Finance and Economics*, *Institute ofFood and Strategic Reserves*,

Jiangsu Nanjing 210023, *China*

2. *Jiangsu Open University*, *School of Business*, *Jiangsu Nanjing* 210013, *China*)

Abstract: Improving the circulation efficiency of agricultural products is an important part of building a modern agricultural products circulation system. This paper adopts DEA-Malmquist index method to measure the circulation efficiency of agricultural products in China from 2011 to 2020, and analyzes its influencing factors. It is found that the circulation efficiency of agricultural products is on a fluctuating upward trend, the degree of scale and organization needs to be improved, and there are differences among the eastern, central and western regions. Labor input has a significant negative impact on the improvement of agricultural products distribution efficiency, while transportation infrastructure construction, residents' consumption level and digital economy development level have a significant positive impact. Per capita agricultural products output and the number of agricultural products trading markets have a positive but not significant impact. Therefore, this paper concludes that it is of great practical significance to improve the quality of agricultural products circulation personnel, encourage all participants to carry out technology research and development, cultivate leading agricultural products circulation enterprises, improve the construction of agricultural products fluid carrier, accelerate the investment in new infrastructure and vigorously develop the digital economy to ensure the efficient supply of agricultural products and promote the construction of modern agricultural products circulation system.

Key Words: Digital Economy; DEA−Malmquist Index Method; Agricultural Distribution Efficiency; Agricultural Distribution System

2023 年第 2 辑　　粮食经济研究　　Vol. 9　No. 2
FOOD ECONOMICS RESEARCH

品牌建设对中国粮食加工企业
流通效率的影响研究[①]

张露露[1]　石　奇[2]　周　宁[2]　胡志刚[3]

(1. 南京财经大学 粮食安全与战略研究中心, 江苏 南京 210023;

2. 南京财经大学 经济学院, 江苏 南京 210023;

3. 南京工业职业技术大学 商务与贸易学院, 江苏 南京 210023)

摘　要: 农产品品牌建设是乡村振兴的重要抓手, 从农产品品牌建设视角探究企业流通效率具有重要的现实意义。本文基于 2013 年中国工业企业数据库和网络调研数据的样本, 构建农产品品牌建设评价指标, 实证检验农产品品牌建设对企业流通效率的影响及其作用机制。研究表明, 农产品品牌建设显著促进粮食加工企业的流通效率, 且这一结论在 PSM 匹配性检验后仍然显著成立。作用机制检验发现, 农产品品牌建设能够通过线上销售平台促进粮食加工企业的流通效率提升。

关键词: 农产品品牌; 区域公用品牌; 粮食加工企业; 流通效率

一、引言

随着中国经济社会的全面发展, 消费者对成品粮的要求已经从"数量满足"发展到"质量提升、品种多样"的阶段。2022 年农业农村部印发《农业生产"三品一标"提升行动有关专项实施方案》中提到:"深入开展农业生产三品一标提升行动, 加快农业品牌打造, 切实发挥农业品牌在农业农村现代化中的重要作用, 品牌强农是助推农业转型升级、提质增效的关键现实途径之一。"农产品品牌化是粮食加工企业的重要标志, 拥有农产品品牌的粮食加工企业是提供绿色优质粮食产品的主要渠道。加强和重视粮食加工企业的农产品品牌建设, 通过绿色食品、有机农产品、无公害农产品和农产品地理标志"三品一标"的认证, 保证粮食供给质量, 提高企业自身竞争力, 从而实现提高粮食加工企业流通效率的目标, 这是今后粮食加工企业发展的新趋势。

《2020 年粮食行业统计资料》显示, 粮食加工企业发展至今, 仍然是一个微利的产业, 销售利润率一直处于较低水平。2020 年全国粮食加工企业的销售利润率为 8.37%, 2019 年粮食加工企业的销售利润率为 12.30%, 下降 3.93%。结合网络调研情况, 粮食加

①　收稿日期: 2023-03-01。

基金项目: 国家社会科学基金重大项目 (18ZDA102); 国家自然科学基金青年项目 (72004089); 2021 年度服务国家特殊需求博士人才科研专项课题 (BSZX2021-20)。

工企业普遍存在企业规模小和产品流通速度慢、流通成本高、流通效率低的问题。部分中小型粮食加工企业已出现经营不善，严重亏损的状态，处于停产、半停产的边缘徘徊。还有一些中小型粮食加工企业转向经营"非粮化业务"，严重影响粮食加工企业自身产品的流通效率，导致粮食加工企业的流通效率长期处于低迷水平，行业成长性弱，产业风险高。从产业角度来看，流通效率是值得粮食加工企业关注的核心问题，农产品品牌是影响粮食加工企业流通效率的重要因素之一，对提升粮食加工企业流通效率有至关重要的作用。因此，粮食加工企业应加速实施品牌化战略，关注农产品品牌建设，解决粮食加工企业流通效率低的问题。

鉴于此，本文拟解决的重点问题有：①考察中国粮食加工企业流通效率水平的高低；②分析农产品品牌建设以及不同类别品牌对中国粮食加工企业流通效率的影响；③分析农产品品牌建设对粮食加工企业流通效率的影响机制。通过上述问题研究，厘清农产品品牌建设对粮食加工企业流通效率的影响，并提出提升中国粮食加工企业流通效率的政策建议。

二、文献综述与研究假说

（一）文献综述

1. 关于流通效率测算的研究

流通效率是反映一个产品在多个环节快速周转，并能带动行业可持续发展的综合性指标。已有学者直接利用营业利润率、资产周转率、人均销售额等（宋则和王京，2002）企业财务指标测算企业经营效率并以此代表流通效率；也有学者从企业、流通渠道、流通行业、社会经济四个层次对流通效率展开研究（徐从才，2012；高涤陈，1988）。但现有研究并未在流通效率的概念界定和测算方式上达成一致，根本原因在于国内外众多学者基于生产者、流通业者、消费者等不同视角进行研究。因此，本文根据粮食加工企业的特性，以粮食加工企业为主要研究对象，通过流通速度、流通所得与流通所费（高涤陈，1988）进行全方位地测算流通效率。

2. 关于农产品品牌建设的研究

农产品品牌建设主要指企业成立初期就拥有自主品牌，具备自主品牌后才有申请的资格。按照标准的不同，将农产品品牌划分为中国名牌农产品和农产品区域公用品牌。自主品牌是企业自己创办并使用的品牌，区域公用品牌是由相关组织注册和管理，授权若干农业生产经营者共同使用的农产品品牌，且前提是企业必须先申请注册商标，注册商标成功后方能申请区域公用品牌。2017~2023 年的中央一号文件均提到积极推进农产品区域公用品牌建设，引领农业高质量发展。然而，在实际调研中发现，具有注册商标的企业只有少部分粮食加工企业具备中国名牌农产品或农产品区域公用品牌标识。其中，申请农产品品牌建设的流程（见图1），粮食加工企业大部分拥有自主品牌，但不一定有注册商标，有注册商标的企业一定拥有自主品牌，所以商标的注册是在拥有自主品牌的前提下。注册商标申请成功后，方可以进一步提交"中国名牌农产品"的申请。申请条件最高的是认证通过农产品区域公用品牌，区域公用品牌要在三品认证的基础上通过更严格的品质认证，再授予农产品地理标志。粮食加工企业应注重农产品品牌建设和维护，获得更多产品认证，打造品牌价值和影响力，加强企业竞争力（王金秋等，2019），以此解决粮食产业流通效率低的问题（陈明和邱俊钦，2017）。

图 1　申请农产品品牌建设流程

3. 关于农产品品牌建设对流通效率的影响研究

农产品品牌建设是影响粮食加工企业流通效率的关键因素，品牌效应和规模效应的形成有利于提高流通效率（王晓东和王诗桷，2016）。从国内外发展趋势来看，农产品品牌建设对粮食加工企业乃至整个行业均具有提质增效的作用（姜长云，2015）。但中国初期的粮食加工企业普遍不重视农产品品牌建设，对粮食加工企业的流通效率并没有起到很好的促进作用。因此，要重视自主品牌建设（张可成和王孝莹，2009；胡志刚和张露露，2021），鼓励和推进加工企业实施品牌战略，大力培育和宣传农产品区域公用品牌（关锐捷，2012），从根本上实现农产品品牌建设助推粮食加工企业流通效率提升的目标。

综上所述，粮食加工企业运用"流通速度、流通所得和流通所费"综合性指标体系反映流通效率，而农产品品牌建设是影响粮食加工企业流通效率的关键因素。国内外学者对品牌建设和流通效率的研究已有一定基础，但是针对农产品品牌建设与粮食加工企业流通效率的实证研究较少。因此，本文结合中国工业企业数据库以及网络调研数据，采用主成分分析法测度粮食加工企业流通效率，并运用 PSM 倾向匹配得分法实证分析农产品品牌建设对中国粮食加工企业流通效率的影响。

（二）研究假说

研究发现，农产品品牌建设是影响粮食加工企业流通效率的关键因素。依据《农业生产"三品一标"提升行动实施方案》和《农产品地理标识管理办法》，农产品品牌可分为：中国名牌农产品和农产品区域公用品牌两种。在成品粮流通的过程中，农产品的品牌通过线上销售平台影响粮食加工企业的流通效率。基于上述背景，本文从理论角度探讨农产品品牌建设对我国粮食加工企业流通效率的影响。

1. 农产品品牌建设对粮食加工企业流通效率的影响

中国学术界尚未对流通效率概念形成统一的界定，农产品品牌建设对粮食加工企业流通效率的研究也甚少。当前中国不少粮食加工企业对品牌建设观念和意识不强，主要原因在于：一方面，绝大部分粮食加工企业经营规模小、盈利能力不强、广告宣传投入不足，以致有贴牌生产或者代加工的存在，最终导致粮食加工企业缺乏品牌意识；另一方面，中国农产品在品牌建设起步较晚、发展慢、基础薄弱，对成品粮的流通造成多方面的约束和限制。相反，有品牌标识的企业，广告宣传投入较多，盈利能力较强，流通效率较高。此外，在网络调研中发现，中小型粮食加工企业在农产品品牌建设水平上存在明显差异，导致粮食加工企业中农产品品牌类型较多，品牌参差不齐，产品质量无法得到保证，不利于粮食加工企业的发展，导致成品粮流通速度缓慢、流通所费较高、流通效率低。因此，提出如下假说：

假说 1：农产品品牌建设对粮食加工企业的流通效率存在促进作用。

2. 农产品品牌建设提升粮食加工企业流通效率的作用机制分析

农产品品牌建设的滞后性已经成为制约粮食加工企业流通效率的因素，通过积极打造农产品品牌建设，建立线上销售平台的方式来提升粮食加工企业的流通效率。首先，越来越多拥有农产品品牌的粮食加工企业进入线上销售平台，树立企业线上的农产品品牌形象，通过搭建线上销售平台，积极推进农产品品牌建设对粮食加工企业流通效率的促进作用。其次，借助线上销售平台开拓销售渠道，在线上多种销售渠道的助推下，扩大农产品品牌的线上销售比重，降低线下销售渠道带来的流通速度慢、流通成本高的问题。进一步提高粮食加工企业的流通效率，增强粮食加工企业的竞争力。因此，提出如下假说：

假说 2：农产品品牌建设能够通过线上销售平台促进粮食加工企业的流通效率提升。

三、粮油加工企业流通效率的测算

（一）测算指标的选取和测算方法

任何一个单一指标都不能全面和完整地反映粮食加工企业流通效率水平。为更好测算粮食加工企业流通效率，本节按照评价指标设置的科学性和可操作性原则，结合数据的可获得性和可靠性，借鉴现有研究成果（孙剑等，2011；徐从才，2012；陈耀庭等，2015；唐红涛等，2021），分别从流通速度、流通所得、流通所费三个维度构建粮食加工企业的流通效率的综合评价指标体系（见表1），选取流动资产周转率和存货周转率衡量流通速度；选取人均增加值、人均营业收入、人均毛利额衡量流通所得；选取每单位收入分摊的利润、每单位收入分摊的成本衡量流通所费。

表 1　粮食加工业流通效率评价指标体系

流通效率	指标名称（或指标含义）	变量选取	符号
流通速度	流动资产周转率	营业收入/流动资产金额	X_1
	存货周转率	主营业务成本/存货金额	X_2
流通所得	人均增加值	工业增加值/从业人数	X_3
	人均营业收入	营业收入/从业人数	X_4
	人均毛利额	（主营业务收入-主营业务成本）/当年加工业从业人数	X_5
流通所费	每单位收入分摊的利润	营业利润/主营业务收入	X_6
	每单位收入分摊的成本	主营业务成本/主营业务收入	X_7

本文采用主成分分析法对中国粮食加工企业的流通效率进行测算，主要原因在于主成分分析法特别适合评价要素的构成对象多，构成要素之间有较强的相互关联情况，其核心思想是将具有相关性的指标经过处理，重新生成一组不相关联、相互独立的新指标。因此，粮食加工企业流通效率的评价指标体系被称为综合性指标。

（二）样市选择和数据处理

本文使用了中国工业企业数据库 2013 年截面数据，该数据库是学界常用的微观数据库。在数据的实际操作中，为避免数据出现系统性误差和随机误差，对数据做了如下处理：首先，依据《国民经济行业分类》，使用四位数行业代码（陈林，2018；聂辉华等，2012），挑选出谷物磨制（1310）相对应的粮食加工企业；其次，基于上述已挑选出的粮食加工企业，选择关键词中含有"稻"或"米"或"麦"的加工企业，剔除与粮食不相关的加工企业，并删除数据中存在无效值的企业；最后，剔除异常值企业（李苏苏等，2020；余淼杰等，2018），依据会计记账中"工业总产值大于工业增加值"的原则，删除"工业总产值小于工业增加值"的企业。此外，数据中缺失的工业增加值变量，通过式（1）和式（2）计算所得。最终筛选出 3019 个样本。

$$\text{工业中间投入} = \text{产出值} \times \frac{\text{销售成本}}{\text{销售收入}} - \text{工资支付} - \text{本年折旧} \tag{1}$$

$$\text{工业增加值} = \text{工业总产值} + \text{增值税} - \text{工业中间投入} \tag{2}$$

（三）测算结果

本文采用主成分分析法测算粮食加工企业的流通效率。表 2 汇报了 KMO 和巴特利特球形度检验的结果显示，KMO = 0. 678>0. 500 以及显著性 Sig. = 0. 000<0. 050，说明该组数据可以进行主成分分析。表 3 的最终统计结果显示：7 个特征值中有 3 个特征值大于 1，且累积方差贡献率达到 80. 995%，满足累积方差贡献率在 75% 水平上。因此，可提取前 3 个主成分衡量粮食加工企业的流通效率水平。

表 2　KMO 和巴特利特球形度检验

KMO 取样适切性量数		0. 678
巴特利特球形度检验	近似卡方	12941. 956
	自由度	21. 000
	显著性 Sig.	0. 000

表 3　总方差解释

成分	初始特征值			提取载荷平方和			旋转载荷平方和		
	总计	方差百分比	累积 %	总计	方差百分比	累积 %	总计	方差百分比	累积 %
1	2. 755	39. 352	39. 352	2. 755	39. 352	39. 352	2. 661	38. 015	38. 015
2	1. 554	22. 193	61. 546	1. 554	22. 193	61. 546	1. 644	23. 488	61. 504
3	1. 361	19. 449	80. 995	1. 361	19. 449	80. 995	1. 364	19. 491	80. 995
4	0. 637	9. 107	90. 102						
5	0. 399	5. 706	95. 808						
6	0. 198	2. 833	98. 642						
7	0. 095	1. 358	100. 000						

注：提取方法为主成分分析法。

随后,将上述提取的 3 个主成分分别记为 F_1、F_2、F_3。通过表 4 旋转后的成分矩阵,可见 F_1 在人均增加值、人均营业收入、人均毛利额指标载荷系数很高;F_2 在每单位收入分摊的利润、每单位收入分摊的成本指标载荷系数很高;F_3 在流动资产周转率、存货周转率指标载荷系数很高。因此,结合上述分析,基于式(3)~式(5)的得分权重 W_{F_i},进而计算粮食加工企业的流通效率总得分 F,见式(6)。

$$W_{F_1} = \frac{39.352}{80.995} = 0.486 \tag{3}$$

$$W_{F_2} = \frac{22.193}{80.995} = 0.274 \tag{4}$$

$$W_{F_3} = \frac{19.449}{80.995} = 0.240 \tag{5}$$

$$F = 0.486F_1 + 0.274F_2 + 0.240F_3 \tag{6}$$

表 4　旋转后的成分矩阵

指标	成分		
	1	2	3
人均增加值	0.950	0.111	0.008
人均营业收入	0.925	-0.073	0.022
人均毛利额	0.944	0.170	-0.003
流动资产周转率	0.014	-0.020	0.825
存货周转率	0.004	0.017	0.826
每单位收入分摊的利润	0.050	0.891	0.021
每单位收入分摊的成本	-0.087	-0.896	0.025

注:提取方法为主成分分析法。

测算结果显示,微观企业的流通效率水平差异较大。由图 2 流通效率的核密度曲线图中可见,流通效率分布在(4,5)的企业数量较多,此区间主要是重视品牌建设的粮食加工企业,它们分别是湖北万福祥米业有限公司、湖北国宝桥米业有限公司、吉林市东福米业有限责任公司、黑龙江省北大荒米业集团有限公司等粮食加工企业。然而,在该区间的左侧部分,主要集中于流通效率较低的加工企业,它们分别是绥滨县永强米业有限责任公司、榆树市金丰粮油有限公司、广东联益马坝米业(曲江)有限公司等,其品牌意识淡薄,不重视农产品的品牌建设。可见,农产品品牌建设水平对粮食加工企业的流通效率有影响,且拥有不同品牌标识的企业对流通效率的影响存在差异性。

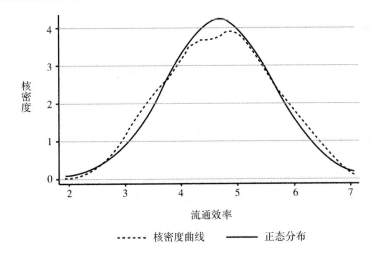

图 2　流通效率的核密度曲线

四、计量模型的设定

（一）模型设定

为了考察农产品品牌建设对中国粮食加工企业流通效率的影响，本文构建如式（7）所示的计量模型。

$$\text{efficiency} = \alpha_0 + \alpha_1 \text{brand} + \sum \alpha_k \text{Controls} + \varepsilon_k \tag{7}$$

式中，efficiency 为被解释变量，表示粮食加工企业的流通效率；brand 为核心解释变量，用虚拟变量 0 和 1 表示农产品品牌建设；$\sum \alpha_k \text{Controls}$ 表示一系列可能影响粮食加工企业流通效率的相关控制变量；ε_k 表示随机扰动项。本文重点关注核心解释变量 brand 的回归系数，如果显著为正，则表明拥有农产品品牌对粮食加工企业的流通效率具有显著的促进作用。

在多元线性回归模型的基础上，利用反事实因果框架，进行 PSM 倾向得分匹配，PSM 最大优势是消除自选择导致的内生性问题，且能更好地揭示拥有农产品品牌的粮食加工企业和没有农产品品牌的粮食加工企业分别对流通效率的影响。将拥有农产品品牌 brand=1 的流通效率 F 设定为处理组的样本；将没有农产品品牌 brand=0 的流通效率 F 设定为对照组的样本，进行匹配。根据式（8）、式（9）和式（10）依次计算出拥有农产品品牌的平均处理效应（ATT）、没有农产品品牌的平均处理效应（ATU）和总样本的平均处理效应（ATE）。

$$\text{ATT} = E\left[F_1 - F_0 \mid \text{brand}=1,\ X=x\right]$$
$$= E\left[F_1 \mid \text{brand}=1,\ X=x\right] - E\left[F_0 \mid \text{brand}=1,\ X=x\right] \tag{8}$$

$$\text{ATU} = E\left[F_1 - F_0 \mid \text{brand}=0,\ X=x\right]$$
$$= E\left[F_1 \mid \text{brand}=0,\ X=x\right] - E\left[F_0 \mid \text{brand}=0,\ X=x\right] \tag{9}$$

$$\text{ATE} = E\left[F_1 - F_0 \mid X=x\right] = E\left[F_1 \mid X=x\right] - E\left[F_0 \mid X=x\right] \tag{10}$$

（二）数据来源和变量选取

本文使用的数据是 2013 年中国工业企业数据库和网络、电话调研数据相结合。被解释变量和控制变量均采用 2013 年中国工业企业数据库的截面数据；核心解释变量：农产品品牌建设采用网络和电话调研的数据。

1. 被解释变量：流通效率（efficiency）

即上文测算出的粮食加工企业流通效率的综合得分 F。

2. 核心解释变量：农产品品牌建设（brand）

农产品品牌建设设置为虚拟变量，拥有农产品品牌，赋值为 1；没有农产品品牌，赋值为 0。拥有中国名牌农产品，赋值为 1；没有中国名牌农产品，赋值为 0。拥有区域公用品牌，赋值为 1；没有区域公用品牌，赋值为 0。

3. 控制变量

为尽可能控制遗漏变量造成的内生性问题，本文使用了企业层面的一系列控制变量如下：

（1）企业经营年限（age），以目前年份减去企业成立年份表示。

（2）企业规模（scale），以资产总额表示。

（3）资产负债率（asset），该变量是评价企业资本结构和负债水平的指标，等于企业的负债总额与资产总额的比值。资产负债率过高，就说明企业存在一定的资本风险，对于企业的经营不利，也不利于粮食加工企业的流通效率，所以，该指标并非越大越好。

（4）资本密集度（intensity），以固定资产总额与员工人数的比值表示。

（5）广告宣传投入（advertising），用广告宣传费用与营业收入的比值衡量企业获得单位收入所付出的广告宣传费用。

（6）实收资本（capital），显示企业实际收到的投资。

（7）应收账款周转率（accounts_ ratio），反映资产流动性和短期偿债能力，指主营业务收入与应收账款的比值。

其他相关变量解释说明和统计分析如表 5 所示。

表 5 变量解释说明和统计分析

变量性质	变量名称	变量说明	均值	标准差
被解释变量	流通效率	流通速度、流通所费、流通所得	217.840	514.350
核心解释变量	农产品品牌建设	是否有农产品品牌标识：是=1；否=0	0.540	0.500
控制变量	企业经营年限	目前年份-企业成立的年份（年）	16.030	5.990
	企业规模	资产总额	5.770	14.190
	资产负债率	负债总额/资产总额	0.380	0.270
	资本密集度	固定资产总额/员工人数	121.200	417.500
	广告宣传投入	广告宣传费用/营业收入	0.020	0.020
	实收资本	实际收到的总投资	1.410	4.170
	应收账款周转率	主营业务收入/应收账款	308.330	2297.580

在回归前，首先，上述所有变量进行相关性检验，其中流通效率和农产品品牌建设显著正相关。其次，模型中所有解释变量和控制变量做多重共线性检验，发现 VIF 值最大为 1.95，均值为 1.24，均不超过 10，所以，不存在多重共线性。

五、实证结果分析

（一）基准回归

表 6 汇报了本文的基准回归结果。在基准回归中，通过是否拥有农产品品牌、是否拥有中国名牌农产品和是否拥有区域公用品牌分别对流通效率进行总样本和分样本的回归。从表 6 中可以看出，第（1）列总样本的估计系数是 34.260，在 5% 水平显著为正。说明拥有农产品品牌对流通效率具有正向影响，本结论与假说 1 相符。第（2）列和第（3）列是分样本回归，第 2 列拥有中国名牌农产品对流通效率的影响不显著，相比之下，第（3）列拥有农产品区域公用品牌对流通效率具有正向影响，且在 5% 水平通过显著性检验。结果表明，拥有中国名牌农产品不确定是否能提升流通效率。但是，拥有农产品区域公用品牌对流通效率起到促进作用。究其原因，授予区域公用品牌的审核标准更加严格，对农产品质量要求更高，品牌效应更强，流通性也更强。在网络调研中发现，流通效率高的企业普遍拥有农产品区域公用品牌标识，拥有农产品区域公用品牌与没有农产品区域公用品牌对粮食加工企业的流通效率的影响有很大的区别，且具备农产品区域公用品牌对流通效率有促进作用且效果明显。可见，实证结果与客观事实相符。

表 6　农产品品牌建设相关解释变量对粮食加工业流通效率影响的实证分析

变量名称	流通效率		
	（1）	（2）	（3）
是否有农产品品牌建设	34.260 **		
	(16.050)		
是否有中国名牌农产品		−56.110	
		(37.060)	
是否有农产品区域公用品牌			50.260 **
			(24.160)
企业经营年限	0.150	−0.340	0.050
	(1.010)	(0.890)	(1.190)
企业规模	−0.700	−0.470	−0.580
	(1.740)	(0.690)	(1.000)
资产负债率	−84.590 ***	−75.750 **	−87.110 ***
	(27.470)	(29.590)	(28.910)
资本密集度	0.740 ***	0.640 ***	0.650 ***
	(0.100)	(0.070)	(0.060)

续表

变量名称	流通效率		
	（1）	（2）	（3）
广告宣传投入	−893.740*** (325.830)	−1053.750** (424.560)	−1281.710*** (403.730)
实收资本	−1.270 (3.180)	−0.980 (1.430)	−0.100 (1.760)
应收账款周转率	0.010 (0.010)	0.020 (0.010)	0.030 (0.010)
常数项	162.120*** (21.140)	176.990*** (21.310)	175.770*** (25.660)
Pseudo R^2	0.340	0.450	0.500
样本量	2990	1431	1694

注：括号内为标准误，*、**、***分别表示 10%、5%和 1%的显著性水平。

（二）PSM 模型的匹配性检验

为解决由样本自选择而导致的内生性问题。本文运用倾向匹配得分法，构造反事实框架，估计农产品区域公用品牌对粮食加工企业流通效率的平均处理效应（ATT）。采用 Kernel 匹配法进行匹配，基本原理是构造出个体特征相似的实验组和对照组，实验组个体使用农产品区域公用品牌，对照组个体不使用农产品区域公用品牌。为确保匹配质量，需要进行平衡性检验，使实验组和对照组在各变量上都有系统差别。具体操作如表 7 所示。首先，在 Kernel 匹配下，T-stat 的值是 2.210 大于 1.960 临界值，在 5%水平显著，说明实施农产品区域公用品牌建设的企业对粮食加工企业的流通效率有积极影响；其次，本文主要关注匹配前后的样本 P 值以及标准化平均值差异，其中匹配后 P 值越大越好，匹配后 P 值要大于匹配前 P 值，代表匹配后实验组和对照组样本均值差异不显著以及标准化平均值差异要全部为正数，不能为负数，说明样本可以被视为充分平衡，样本通过平衡性检验。

表 7 Kernel 匹配法平衡检验

变量		处理组	控制组	组间偏差（%）	标准化平均值差异	T 值	P 值
企业经营年限	匹配前	17.019	15.272	28.300	54.800	4.370	0.000
	匹配后	16.997	17.787	−12.800		−1.130	0.260
企业规模	匹配前	15.996	4.045	44.200	88.000	10.890	0.000
	匹配后	11.306	9.874	5.300		1.130	0.258
资产负债率	匹配前	0.447	0.355	35.400	73.000	5.590	0.000
	匹配后	0.444	0.469	−9.600		−1.140	0.256

续表

变量		处理组	控制组	组间偏差（%）	标准化平均值差异	T 值	P 值
资本密集度	匹配前	247.510	109.090	22.300	84.200	4.260	0.000
	匹配后	193.100	171.300	3.500		0.500	0.615
广告宣传投入	匹配前	0.020	0.021	−6.100	15.900	−0.940	0.348
	匹配后	0.020	0.018	5.200		0.690	0.493
实收资本	匹配前	3.066	1.178	32.000	76.300	5.710	0.000
	匹配后	2.556	2.108	7.600		0.780	0.436
应收账款周转率	匹配前	229.680	301.330	−5.100	38.500	−0.750	0.454
	匹配后	234.770	190.730	3.100		0.560	0.573

所有样本匹配后，偏差均值、B 值、R 值均显著下降，匹配后 B 值均小于 25%，R 值位于 [0.52] 区间内，表明匹配较为成功（见表 8）。

表 8　匹配前后相关统计量变化

样本	MeanBias	MedBias	B	R	%Var
匹配前	24.800	28.300	48.300	25.440	86
匹配后	6.700	5.300	17.800	0.690	71

（三）作用机制检验

上述研究表明，农产品品牌建设对粮食加工企业的流通效率存在促进作用，且这一结论在 PSM 稳健性检验下，依旧显著成立。那么本文接下来讨论的是农产品品牌建设如何影响流通效率，其中的作用机制究竟如何？如假说 2 所阐述，农产品品牌建设能够通过线上销售平台促进粮食加工企业的流通效率提升。为了验证假说 2 机制的存在性，运用中介效应的分析（江艇，2022）：一是不使用中介效应的逐步法检验，不估计间接效应的大小，不检验其统计显著性，反而是把研究的重心重新聚焦到如何提高解释变量 X 对被解释变量 Y 的因果关系的识别可信度；二是根据经济学理论，提出能够反映解释变量 X 对被解释变量 Y 作用渠道的中介变量 M，采用同样的方法识别解释变量 X 对中介变量 M 的因果关系，构建如下模型进行分析。

$$online\_sale = \alpha_0 + \alpha_1 brand + \sum \alpha_k controls + \varepsilon_k \tag{11}$$

式（11）用来检验农产品品牌建设对机制变量的影响，online_sale 作为机制变量，表示线上销售平台。如表 9 所示，拥有农产品品牌建设、中国名牌农产品标识和农产品区域公用品牌均可以推动线上销售平台的建立，且在 1% 水平显著。可见，线上销售平台作为中介变量，能更好地解释农产品品牌建设是影响流通效率的有效途径，本结论与假说 2 相符。

表9　线上销售平台是农产品品牌建设影响粮食加工业流通效率的机制

变量	线上销售平台		
	（1）	（2）	（3）
是否有农产品品牌建设	0.280***		
	（0.010）		
是否有中国名牌农产品		0.320***	
		（0.070）	
是否有区域公共品牌			0.490***
			（0.020）
资产负债率	0.070***	0.140***	0.060
	（0.020）	（0.050）	（0.040）
资本密集度	0.000***	0.000*	0.000
	（0.000）	（0.000）	（0.000）
广告宣传投入	0.180	0.030	0.640
	（0.260）	（0.540）	（0.480）
实收资本	0.000***	0.000***	0.000***
	（0.000）	（0.000）	（0.000）
常数项	0.040***	0.230***	0.120***
	（0.010）	（0.030）	（0.020）
Pseudo R^2	0.330	0.050	0.260
样本量	2990	1334	1334

注：括号内为标准误，*、**、***分别表示10%、5%、1%的显著性水平。

六、结论与展望

本文利用中国工业企业数据库 2013 年粮食加工企业的微观数据和网络调研数据。从微观角度出发，采用理论分析和实证分析相结合的方法，考察农产品品牌建设对流通效率的影响。实证结果表明，农产品品牌建设对粮食加工企业的流通效率存在正向影响，且采用倾向匹配得分法验证上述结果的成立。同时借助搭建线上销售平台，拓展线上销售渠道，发现农产品品牌建设能够通过线上销售平台促进粮食加工企业的流通效率提升。基于上述研究结论，本文提出以下三个展望：

第一，中小型粮食加工企业要想长远发展，提高企业自身竞争力，应全面推进品牌强农战略，立足资源禀赋，在着力塑造自主特色品牌的基础上，提升产品品质，加快构建现代农业品牌体系，提高企业产品的流通效率。

第二，关注农产品区域公用品牌建设。首先，农产品区域公用品牌有着与生俱来且独特的地方资源优势。地方政府应大力开发出有较大影响力的企业，鼓励这些企业积极申请农产品区域公用品牌，提高企业品牌知名度。通过各种营销手段，提高品牌联想认知，将当地特色的农业资源、农业文化融入农产品区域公用品牌。其次，地方政府和企业联和发力，整合营销传播手段，大力宣传具有本地特色的农产品区域公用品牌，提高区域公用品牌的知名度。

第三，拓展新型销售渠道。新业态流通模式之一是线上销售渠道，线上销售渠道包括在线零售平台、在线批发平台以及企业开发的官网销售平台；抖音农产品直播带货；社区微信群营销等。一方面，企业应积极拓展不同形式的线上销售渠道，快速降低流通所费，促进流通效率的提升。另一方面，企业应协同线下渠道，使"线上+线下"融合发展，加强数字化品牌营销，优化资源配置，提高中小型粮食加工企业的品牌创新力和影响力。

参考文献

[1] 宋则，王京．新时期流通业的发展与经济结构的调整 [J]．财贸经济，2002 (11)：25-30.

[2] 徐从才．流通经济学：过程、组织、政策 [M]．北京：中国人民大学出版社，2012：141-163.

[3] 高涤陈．社会主义流通过程研究 [M]．上海：上海人民出版社，1988.

[4] 王金秋，张为付，薛平平．技术效率、融资约束与企业扩张——基于江苏省 150 家大米加工企业的调查与分析 [J]．农业技术经济，2019 (6)：120-131.

[5] 陈明，邱俊钦．"新零售"背景下地标产品演化为区域公共品牌的新模式研究——以赣南脐橙为例 [J]．企业经济，2017，36 (11)：28-34.

[6] 王晓东，王诗桪．中国商品流通效率及其影响因素测度——基于非线性流程的 DEA 模型改进 [J]．财贸经济，2016 (5)：119-130+159.

[7] 姜长云．推进农村一二三产业融合发展 新题应有新解法 [J]．中国发展观察，2015 (2)：18-22.

[8] 张可成，王孝莹．我国农产品品牌建设分析 [J]．农业经济问题，2009 (2)：22-24.

[9] 胡志刚，张露露．"一村一品"背景下江苏农产品品牌建设的现状及发展对策 [J]．农业经济，2021 (7)：128-130.

[10] 关锐捷．构建新型农业社会化服务体系初探 [J]．农业经济问题，2012，33 (4)：4-10+110.

[11] 孙剑．我国农产品流通效率测评与演进趋势——基于 1998～2009 年面板数据的实证分析 [J]．中国流通经济，2011，25 (5)：21-25.

[12] 陈耀庭，戴俊玉，管曦．不同流通模式下农产品流通效率比较研究 [J]．农业经济问题，2015，36 (3)：68-74+111.

[13] 唐红涛，陈欣如，张俊英．数字经济、流通效率与产业结构升级 [J]．商业经济与管理，2021 (11)：5-20.

[14] 陈林．中国工业企业数据库的使用问题再探 [J]．经济评论，2018 (6)：140-153.

[15] 聂辉华，江艇，杨汝岱．中国工业企业数据库的使用现状和潜在问题 [J]．世界经济，2012，35 (5)：142-158.

[16] 李苏苏，叶祥松，张少华．中国制造业企业全要素生产率测度研究 [J]．学术研究，2020 (3)：105-113.

[17] 余淼杰，金洋，张睿．工业企业产能利用率衡量与生产率估算 [J]．经济研究，2018，53 (5)：56-71.

[18] 江艇．因果推断经验研究中的中介效应与调节效应 [J]．中国工业经济，2022 (5)：100-120.

Influence of Agricultural Product Brand Construction on the Circulation Efficiency of China's Grain Processing Industry

ZHANG Lulu[1]   SHI Qi[2]   ZHOU Ning[2]   HU Zhigang[3]

(1. *Institute of Food and Strategic Reserves , Nanjing University of Finance and Economics , Jiangsu Nanjing , China* 210023; 2. *School of Economics , Nanjing University of Finance and Economics , Jiangsu Nanjing , China* 210023; 3. *School of Commerce and Trade , Nanjing Vocational University of Industry Technology , Jiangsu Nanjing , China* 210023)

Abstract: Brand building of agricultural products is an important grip for rural revitalization , and it is of great practical significance to explore the circulation efficiency of enterprises from the perspective of brand building of agricultural products. This paper constructs evaluation indexes of agricultural product brand building based on samples from the database of Chinese industrial enterprises and network research data in 2013 , and empirically examines the impact of agricultural product brand building on enterprises' circulation efficiency and its mechanism of action. The study shows that the brand building of agricultural products significantly promotes the distribution efficiency of grain processing enterprises , and this finding still holds significantly after the PSM matching test. The mechanism of action test found that the brand building of agricultural products can promote the distribution efficiency of grain processing enterprises through online sales platform.

Key Words: Agricultural Products Brand; Regional Public Brand; Grain Processing Enterprise; Circulation Efficiency

粮食经济研究

2023 年第 2 辑　　FOOD ECONOMICS RESEARCH　　Vol. 9　No. 2

中国粮食贸易演变逻辑、挑战与政策建议[①]

李冬梅

（南京财经大学 粮食安全与战略研究中心，江苏 南京 210023）

摘　要：本文运用理论分析、政策梳理等方法，系统梳理 1949 年以来中国的粮食贸易演变，分析每个阶段中国粮食贸易政策变迁的具体机制。研究发现中国粮食贸易制度变迁主要受农业剩余劳动力参与产业分工和贸易平衡政策驱动。当前，中国粮食贸易面临地缘政治冲击、国际粮食进口替代来源减少、全球人均耕地面积呈现下降趋势、出口多元化等挑战。为稳定中国粮食进口供给安全，贸易政策要有利于维护地缘政治关系稳定，同时强化与土地资源禀赋国家贸易合作，构建多维贸易伙伴关系。

关键词：粮食贸易；演变逻辑；挑战

一、引言

自古以来，粮食贸易在经济属性和政治属性上都发挥着重要的作用，既是调节各地粮食余缺的重要方式，也是粮食安全、政治稳定、国泰民安的基石。随着人口的不断增长和城镇化的快速推进，中国对粮食数量和品类需求不断增加，粮食进口成为有效调节国内粮食品种和数量供给的重要路径之一。粮食进口增长的同时，对国内市场产生冲击，农户种粮的经济收益下降，导致耕地的耕种面积和产出效率不断下降，出现"非粮化"现象。为此，国家相继出台了价格支持、《耕地保护法》等调控政策，但尚未取得显著成效。特别是在当前国际地缘政治冲突、全球极端天气增加的形势下，国际粮食贸易呈现出口下降、粮价上涨、局部供应链中断和延迟等问题，国际粮食供给不确定性增加，中国粮食供给面临内外双重挑战。基于此，本文科学梳理中国粮食贸易历史演变逻辑，辨析影响中国粮食贸易的驱动力及贸易政策实施效果，从而为中国有效化解各类贸易不确定性挑战提供建议。同时对解释粮食政策为何改革以及如何改革等问题，具有重要的理论及实践意义。

现有研究普遍关注中国粮食市场价格波动、贸易格局变化、粮食产业政策效果评价及粮食贸易竞争力分析。在价格波动方面，李光泗和陈心恬（2019）指出大豆的国际价格波动会传导，影响中国国内大豆价格波动，同时中国大豆价格波动对中国国内玉米和稻谷市场价格产生影响。在贸易格局方面，朱晶等（2018）认为，中国农产品贸易格局受到国内

---

① 收稿日期：2023-01-12。

基金项目：2022 年度江苏省高校哲学社会科学研究一般项目"数字平台助力乡村人才振兴路径研究"（项目编号：2022SJYB1377）。

外农产品供求形势变化、贸易环境、汇率及农业生产成本变化等因素影响较大。粮食价格支持政策随着时间推移，托市作用逐渐削弱；最低收购价政策有助于提高小麦种植面积和产量，但是促进效果较弱（李光泗等，2017）。

在面对全球生物安全长期存在不确定性的情况下，中国农业存在对外贸易链断裂风险，会影响 14 亿人口生活，难以利用国外市场进行资源有效配置；因此，将饭碗端在中国人自己手里，须提升粮食自给能力，减少进口依赖风险（张露和罗必良，2020）。

当前，中国稻谷、小麦、玉米和大豆进口呈现增长趋势，同时大豆、玉米和稻谷主要进口来源于南北美洲及东南亚地区，存在市场高度集中的风险。在中国加入世界贸易组织的过程中，大豆长期缺乏竞争力；而中国玉米和大米国际竞争力呈现逐渐下降趋势，从具有较强出口竞争力，到目前在国际市场竞争力很弱的状态；而小麦的弱竞争力受到进一步的冲击（马翠萍，2017）。通常对此的解释是，在一定条件下，贸易自由化会冲击中国粮食安全，降低中国粮食自给率水平（樊明太等，2005）。

综合来看，现有对粮食贸易演变研究主要集中于贸易格局及粮食品种竞争力的分析上。在粮食贸易演变过程中产业间分工下要素流动对粮食安全的影响研究相对不足。当前，中国粮食贸易面临不确定性的风险增加，本文在系统把握粮食贸易演变逻辑基础上，结合现有研究存在的不足，辨析影响中国粮食贸易的驱动力及贸易政策实施效果，从短期供给稳定性、长期治理的路径、对内主体利益诉求等角度来提供政策建议。

二、粮食贸易阶段演变

（一）出口换汇期（1949~1978 年）

1949 年初始，中国百业待兴，国家大力发展主要支柱产业——工业。劳动力主要积聚于农业，农产品作为可换汇的产品享有出口补贴，鼓励出口，为工业发展提供资本支持。其中，粮食出口以在国际上具有比较优势的大豆为主。在此阶段，充裕的农业劳动力供给使中国大豆种植具有国际比较优势，大豆的比较收益比玉米、小麦和稻谷高。此阶段粮食贸易主要局限于国内市场区域间贸易，并伴随着国家对社会主义性质的权衡，从自由贸易到国家计划为主的管理。其中，1949~1953 年，粮食贸易沿袭了 1949 年前的传统自由贸易形式；1953~1957 年，粮食实行统购统销，对农民进行限量贸易；1957~1962 年，国家实行统一购销市场。1959~1961 年，由于自然灾害，粮食短缺严重，饥荒问题扭转了粮食贸易出口导向政策，1960 年开始鼓励粮食进口弥补国内实际供给不足。同时在国家统购统销的政策下，粮食分配及购销价格得到有效控制。

（二）进出口同步增长时期（1979~2000 年）

1978 年党的十一届三中全会通过了《中共中央关于加快农业发展若干问题的决定（草案）》，明确中国农业正式从集体所有制度转为家庭联产承包责任制，中国农业分配机制为"交够国家的、留足集体的，剩下都是自己的"。家庭联产承包责任制激发了农业生产活力，农产品生产水平得到提升（陈锡文等，2018）。同时，在对外开放的政策下，我国工业低端产业链参与到国际分工体系，农产品出口补贴使中国农产品进入国际市场具有一定比较优势。《中国统计年鉴》显示，中国农产品进出口整体呈现增长趋势，出口具有比较优势的产品有活猪、稻谷和大米、果蔬、水产品；进口农产品主要为小麦、玉米、大豆、棉花和植物油。1996 年后，随着国际粮商对大豆加工业的控制，大豆进口量大幅上涨，小麦进口出现下降。

（三）净进口格局形成期（2001~2017 年）

2001 年 12 月 11 日，中国正式加入世界贸易组织（World Trade Organization，WTO）后，一方面，我国获得了最惠国待遇，工业出口竞争力得到提升，并全面参与到全球产业分工和产品分工体系；另一方面，我国进口关税大幅度下降，农业进口关税降低显著，特别是大豆，粮食进口持续增加，形成净进口格局。农业主要采用要素投入为主的粗放型增长方式，农产品整体缺乏竞争优势，受非关税壁垒影响，出口呈现下降趋势。城镇化的发展推动了劳动力持续向二、三产业转移，劳动力要素从农业剩余走向短缺，农业机械化水平得到提高，跨区作业服务呈现增长趋势。中美贸易格局出现需求失衡：美国从对中国原材料和初级产品需求，转为对中国消费产品需求为主；而中国对美国的需求主要是投资和高科技产品，美国的农产品补贴政策使得美国农产品更具有比较优势，内外价差驱动下，持续高涨的农产品进口对中国农业产生了一定冲击。为了丰富国际间合作，2013 年中国提出"一带一路"倡议，推进了与亚、非、欧大陆贸易增长。中国农产品进口呈现多元化，高品质大米、小麦以及饲用玉米、大豆等粮食整体呈现进口净增长，中国农产品整体比较优势下降，蔬菜、水果及水产品出口减少。

（四）全球贸易摩擦加剧期（2018 年至今）

2018 年至今，逆全球化的思潮出现，全球产业链中断风险增加，要素流动受到限制，粮食贸易供应风险上升。同时，国际双边贸易摩擦开始增加，地缘政治重塑贸易格局，价值观贸易取代比较优势贸易的趋势上升。全球产业分工向区域间分工转变，自由贸易区增加。在中国工业实现现代化的背景下，劳动力要素向服务业转移，农业劳动力匮乏，农业生产托管服务需求上升，农业产业分工体系进一步得到完善。

2020 年以后，世界贸易受新冠疫情、金融危机、极端天气、地缘冲突等不确定性冲击。全球供应链出现不同程度的不可抗力中断，全球分工体系被地缘政治冲突进一步瓦解的风险上升。劳动力出现流动性障碍，粮食出口国家的出口限制增加，国际粮食贸易量下降，高度依赖进口的国家面临粮食危机的风险增加。其中受俄罗斯与乌克兰冲突影响，非洲、中东和中亚地区部分国家出现不同程度的粮食危机，粮食价格上涨，粮食出口主要集中于北美和澳大利亚、新西兰等地区。

三、中国粮食贸易发展演变基本机制分析

（一）中国农业剩余劳动力要素参与全球产业分工

中国为进入世界贸易组织（WTO），特别是为了工业发展的需要，在入世贸易谈判方面，大幅度降低了粮食和重要农产品进入门槛。最初目的是为了促进中国相对缺乏比较优势的工业融入世界分工产业链，同时也为了平衡国内需求，满足中国人口增长对粮食和农副产品的需求。中国加入 WTO 的过程，也是中国农业从有出口补贴到无出口补贴，融入全球农业竞争的过程。在农业补贴、土地资源禀赋及技术方面相对于欧美等国家缺乏竞争

力的情况下，中国粮食的比较效益逐年降低，进一步导致农业劳动力要素向非农部门转移的现实，也是中国劳动力要素参与全球工业分工体系的结果。中国工业分工从劳动力要素优势向技术进步优势转型。同时，相对于小麦、玉米、稻谷来说，中国非转基因大豆的劳动力用工成本最低，但单产水平远低于美国转基因大豆。中国通过进口具有技术优势的大豆来满足国内需求，而中国非转基因大豆的产量主要依赖于土地耕种面积扩张来实现。

（二）平衡国际贸易伙伴间贸易逆差，利用国际市场调剂国内需求

随着中国工业发展，工业产品在国际市场上的比较优势增加，贸易额出现增长，开放的粮食贸易政策起到平衡国际贸易伙伴间贸易逆差需要。中国工业产品对美国、加拿大等国家的出口形成贸易顺差，国际贸易摩擦伴随着政治摩擦而逐渐增加。在工业快速发展实现现代化的同时，中国农业发展相对滞后，通过利用国际市场调剂国内粮食及大宗农产品需求。在居民消费升级的驱动下，中国对饲料粮需求增长，特别是大豆进口量大，但与工业产品贸易额相比，粮食及大宗农产品贸易总额占比较低。中国通过降低大豆的关税水平，大豆进口以满足饲料粮需求，同时平衡国际贸易逆差。

保障粮食供给和价格稳定关系到社会稳定，也是中国农业政策的基本目标。在对外贸易政策方面，中国入世前实施关税配额政策减少进口对国内粮食市场冲击。加入 WTO 后，中国针对玉米、小麦和稻谷的保护力度最大，在关税配额内实施 1% 的进口税率，超出进口配额，进口税率为 65%；而大豆的进口关税为 3%。在国内政策支持方面，为稳定粮食生产，中国自 2004 年开始取消农业税，同时启动托市收购政策。为确保口粮绝对安全，政府采用最低收购价政策来保障主粮主产区农户口粮种植的基本收益。自 2016 年供给侧改革以来，开始针对玉米和大豆实施了市场化收购加生产者补贴的政策。但生物燃料支持政策促进了玉米的加工业发展，玉米的需求快速增长，与大豆同样出现对进口需求高度依赖的现象。特别是在 2020 年新冠疫情发生后，在粮食供给安全的保障需求下，饲料企业和生产加工企业对玉米、大豆需求大量增长。

四、中国粮食贸易面临的挑战

（一）中国粮食贸易面临地缘政治冲击

中国在参与 WTO 国际贸易体系之初，通过产业开放政策来加快融入全球产业链分工。其中，农业做出了重大的让步，但随着各国竞争力的变化，世界贸易格局发生变迁。逆全球化的贸易保护主义抬头、以价值观为导向的地缘政治冲突增加，这些都冲击着以分工为基础的全球自由贸易，同时对世界粮食贸易格局产生了一定的影响。国际供应链受到冲击，国际粮食价格上涨，印度、俄罗斯和乌克兰等国家粮食出口减少，对主粮小麦、稻谷等实行出口限制的国家增加。在此国际背景下，中国利用国际粮食市场调剂国内余缺的稳定性下降。同时，以价值观贸易为主导的美国、加拿大和澳大利亚等国家，中国与之进行粮食贸易面临着国家地缘威胁的挑战。

（二）国际粮食进口替代来源减少

地缘政治冲突引发各国高度重视国家安全，粮食作为战略性资源产品受到重视。乌克兰和俄罗斯粮食出口受限，提升了各国的粮食安全储备意识，特别是关系到民生的小麦，

成为供应紧张的主要粮食品种。印度宣布禁止小麦出口进一步加剧了国际小麦市场贸易紧张形势，助推了小麦进口价格。乌克兰作为我国玉米主要进口来源国之一，受冲突影响玉米出口潜能下降。短期来看，虽然中国加强了与俄罗斯小麦进口贸易关系，但在全球粮食出口贸易萎缩趋势下，玉米、大豆等粮食进口可替代性下降。基于各国资源禀赋、农业生产率水平及出口能力等因素，中国粮食进口将更加依赖于现有贸易伙伴美国、巴西、加拿大、澳大利亚等国家。此外，在扩大粮食进口多元化的同时也会提升粮食贸易成本，进口来源国多元化缺乏经济性。

（三）全球人均耕地面积呈现下降趋势

整体而言，在气候及资源禀赋约束下，世界各国人均耕地面积存在差异，粮食种植结构差异较大。随着人口增长和城镇化推进，世界各国人均耕地面积呈现下降趋势。基于耕地资源约束，中国充分利用不同国家资源比较优势调剂国内粮食品种余缺。值得关注的是，政治冲突叠加贸易摩擦引致贸易伙伴关系变化，各国种植结构也相应发生变化。如美国在 2019 年调减大豆种植面积，而巴西和阿根廷提高了大豆种植面积。当前，我国大米主要贸易伙伴为越南、泰国、菲律宾、缅甸等国家；大麦进口主要来自澳大利亚；高粱进口主要来自美国。随着工业化和城镇化的推进，越南、泰国、菲律宾、缅甸、蒙古和韩国的谷物种植面积呈现下降趋势；德国、美国、白俄罗斯、意大利、澳大利亚、土耳其等国家谷物种植面积也出现下降趋势。据世界银行统计，与 1960 年相比，截至 2018 年，加拿大的人均耕地面积从 2 公顷左右下降为 1 公顷左右；美国从 1960 年人均 0.98 公顷下降到 2018 年的 0.48 公顷；巴西从 1960 年的人均耕地 0.32 公顷减少到 2018 年的人均 0.27 公顷；中国从 1960 年的人均 0.16 公顷下降到 2018 年的人均 0.085 公顷。美国农业部统计显示，在 2019 年中美贸易摩擦期间，美国减少了大豆的耕种面积，从 2018 年的 35488 千公顷减少到 2019 年的 30352 千公顷；而随着 2020 年 1 月《中华人民共和国政府和美利坚合众国政府经济贸易协议》签订，美国大豆种植面积又呈现增长趋势。美国农业部统计显示，2022 年美国大豆耕种面积增加到 34939 千公顷；而巴西 2018 年大豆耕种面积仅为 35900 千公顷，至 2019 年扩种为 36900 千公顷，至 2022 年增长到 43700 千公顷；阿根廷大豆种植面积整体呈现下降趋势，2012 年的大豆种植面积为 19750 千公顷，至 2022 年大豆种植面积降为 15000 千公顷，其中 2018~2019 年呈现微小波动上升。总体来看，在全球化和产业链全球分工的过程中，农业耕地面积受到冲击，全球人口总数上升造成人均耕地面积呈现下降趋势，大豆类经济性农产品需求和种植面积增长。

（四）主要粮食和大宗农产品出口国贸易格局呈现多元化

在逆全球化和地缘政治冲突对农产品国际贸易不确定性冲击下，各粮食和大宗农产品贸易国积极探索贸易多元化策略，减少过度依赖少数贸易伙伴带来的冲击。美国农业部贸易统计显示，2007 年，美国大豆出口的贸易伙伴有 56 个国家，而到 2021 年，美国大豆出口国家增长到 80 个。同时，为化解全球供应链运输的不稳定性，各国积极构建的区域贸易协定数量增加，粮食和大宗农产品贸易区域化将成为趋势。地处东亚海洋和内陆交界的国家和地区数量较多，地缘政治冲突充满不确定性，地区政治关系将直接影响到中国粮食和大宗农产品贸易结构稳定性。各国贸易的多元化意味着贸易关系更加复杂多变。在对美大豆进口方面，除了中国依然为美国大豆进口最大贸易伙伴，墨西哥、埃及等国家大豆进口增长显著。

五、中国粮食贸易政策建议

（一）稳定地缘政治关系

在坚持外交政策立场维护国家形象和国家安全的同时，需要兼顾贸易往来中的贸易利益平衡，维持合作稳定性和竞争性。任何一个国家的高度依赖性都面临着极大的不确定性风险，对贸易伙伴的选择要兼顾贸易关系的安全性、稳定性和贸易利得。短期内需要稳定现有的贸易伙伴关系，来确保粮食进口供给稳定。

粮食贸易具有调节要素禀赋和维护国际关系的双重特征，中美之间贸易摩擦叠加政治摩擦的背景下，减少中美摩擦和稳定贸易关系是中美关系健康发展的基础。短期内通过扩大对美国粮食等大宗农商品的购买，一方面可以稳定粮食进口供给波动，另一方面有利于减少工业出口贸易逆差带来的摩擦、稳定国际产业链布局和有助于维护分工地位。

（二）增加多元化农产品进口

食物之间具有一定替代性，农产品进口多元化可满足居民饮食多样化需求，同时可降低粮食进口数量。一方面，通过增加动物产品、水产品、牧草等来减少国内饲料粮需求。另一方面，通过增加水果、蔬菜、酒水类等产品来丰富居民饮食，减少粮食需求。为此，中国在推进与 RCEP（《区域全面经济伙伴关系协定》，Regional Comprehensive Economic Partnership，RCEP）国家农产品贸易的同时，尚需丰富与其他国家间双边和多边贸易机制和内容，增加农产品贸易种类。

（三）加强与具有土地资源禀赋国家农业贸易关系

土地资源禀赋决定了一国的农业贸易潜力，为了保障中国饲料粮和工业用粮进口需求，可加强与具有土地资源禀赋国家的贸易关系。当前，美国、加拿大、澳大利亚、巴西、印度、阿根廷、尼日利亚、哈萨克斯坦、尼日尔、乌拉圭和俄罗斯等国家具有丰富的土地资源，中国通过签署双边协议来稳定国家间农业贸易合作，保障粮食和非粮农产品适度进口。此外，针对非洲和亚洲部分国家农业技术落后现实，可通过农业技术合作，来提升双边贸易潜力。

（四）构建多维贸易伙伴关系

长期来看，在固定粮食贸易伙伴网络基础上，需要构建多维全球粮食贸易伙伴，拓展多元化食物进口替代贸易，确保中国粮食进口供给安全。首先，在粮食进口供给方面，根据不同国家农业资源禀赋，建立食物互补的贸易关系，满足居民对不同种类食物的消费需求；与国际关系友好的国家构建战略互助的粮食供应链体系，防范国际地缘政治冲突对国际粮源的冲击，在稳定政治关系下构建全球粮食安全综合治理机制。一方面需要加强国际间粮食仓储中心建设、物流码头基础设施建设，以保障国际流通顺畅。另一方面需要加强粮食及大宗农产品贸易数字信息平台建设，搭建消费端与供应端的信息有效链接渠道，满足消费端对食物多样化的需求，从消费端的需求信息出发来带动对不同种类的食物跨国贸易往来。进而有效调节对传统粮食作物的需求压力，通过多元化食物供给，来拓展多元化的贸易伙伴关系。其次，可通过培育消费方式来减少对大豆、玉米的消费需求。中国可针对不同消费人群进行食物健康消费指导，来塑造以营养健康为目标的国民饮食体系，控制对动物蛋白过度增长引起的消费需求，另外，可以通过转变饲养方式，进口高营养价值的草饲作物，替代对豆粕消费需求，减少对大豆的进口依赖性，从而拓展饲料粮的进口来源国。还可以增加动物产品、水果蔬菜等食物的进口，来减少对饲料粮的进口需要，同时拓展"一带一路"沿线国家的贸易关系。

参考文献

[1] 李光泗，陈心恬. 国际大豆价格波动对中国粮食价格影响的实证研究 [J]. 粮食经济研究，2019，5（1）：35-45.

[2] 朱晶，李天祥，林大燕. 开放进程中的中国农产品贸易：发展历程、问题挑战与政策选择 [J]. 农业经济问题，2018（12）：19-32.

[3] 李光泗，王莉，刘梦醒. 粮食价格支持与农业生产反应——基于小麦数据的实证分析 [J]. 江苏师范大学学报（哲学社会科学版），2017，43（6）：126-132.

[4] 张露，罗必良. 贸易风险、农产品竞争与国家农业安全观重构 [J]. 改革，2020（5）：1-9.

[5] 马翠萍. 农产品入世"过渡期"结束后中国粮食贸易的演变 [J]. 中国软科学，2017（9）：18-29.

[6] 樊明太，郑玉歆，齐舒畅等. 中国贸易自由化及其对粮食安全的影响——一个基于中国农业CGE 模型的应用分析 [J]. 农业经济问题，2005（S1）：3-13.

[7] 陈锡文，罗丹，张征. 中国农村改革 40 年 [M]. 北京：人民出版社，2018.

Evolution Logic，Challenges and Policy Suggestions of China's Grain Trade

LI Dongmei

(*Food Security and Strategic Research Center*，*Nanjing University of Finance and Economics*，
Nanjing Jiangsu，210023)

Abstract：This article systematically reviews the evolution of China's grain trade since 1949 and analyzes the specific mechanisms of China's grain trade policy changes at each stage, using methods such as theoretical analysis and policy review. Research has found that the changes in China's grain trade system are mainly driven by division of labor and Chinese consumer demand. Currently, China's grain trade is facing challenges such as geopolitical shocks, rising import prices, and a decline in grain exports in the international market. To stabilize the security of China's grain import supply, trade policies should be conducive to maintaining geopolitical stability, while improving price warning mechanisms and building multidimensional trade partnerships.

Key Words：Grain Trade；Evolutionary Logic；Challenge

中国四大粮食品种的进口依赖性风险分析[①]

马　婕

（南京财经大学 粮食和物资学院，江苏 南京 210023）

摘　要：中国的粮食进口规模不断扩大，进口集中度普遍较高。本文通过构建粮食进口依赖性风险评价指标进行评价后发现：中国的大豆进口存在依赖性风险，且风险主要来自美国，其次为巴西；大米进口存在进口依赖性风险，风险主要来自印度和巴基斯坦；玉米进口对美国的依赖性较高，存在进口依赖性风险；小麦进口对澳大利亚、加拿大和法国均存在依赖性风险，其中，风险主要来自澳大利亚。对此，提出三点政策建议：一是提升粮食生产能力，减少国际市场的依赖；二是拓宽粮食进口渠道，实施多元化进口战略；三是加强区域经贸合作，打造粮食贸易新格局。

关键词：四大粮食品种；进口；依赖性风险

一、引言

粮食安全是国家安全的重要基础。长期以来，中国仅用占世界 9% 的土地养活了占世界 18% 的人口，虽然生产了占世界 21% 的粮食，但仍然满足不了人们日益增长的粮食需求（柯炳生，2023），因此，"适度进口"成为保障中国粮食安全的重要举措。近年来，中国粮食产品进口快速增长，2011～2022 年，中国大豆、大米、玉米、小麦的进口量分别增长了 74%、965%、1076% 和 691%。[②] 随着进口量的快速增长，中国粮食产品的对外依存度也在持续走高[③]，使得中国粮食市场更易受到外界不利因素的冲击（魏艳骄等，2021）。中国的粮食产品普遍存在进口来源集中的问题，例如，2022 年中国进口大豆的 92% 来自巴西和美国；进口大米的 64% 来自印度、巴基斯坦和越南；进口玉米的 98% 来自美国和乌克兰；进口小麦的 93% 来自澳大利亚、加拿大和法国[④]，因此中国粮食可能存在进口依赖性风险，尤其是在中美贸易摩擦等复杂贸易环境的背景下，中国粮食进口风险大幅增加（王新华和吴怡林，2023），粮食安全问题再度受到广泛关注。

当前，世界格局演变加速，外部经贸环境不确定性的上升使得国际粮食市场风险不断

---

①　收稿日期：2023-05-04。

基金项目：南京财经大学博士人才科研专项课题（M-JXW21001）。

②④　数据来源：UN Comtrade 数据库。

③　对外依存度=进口量／（进口量+产量−出口量）。例如，布瑞克数据显示，2021 年中国大豆进口依存度高达 85%，是 2000 年的 2 倍。

凸显。对此，党的十九届五中全会提出"构建国内国际双循环相互促进的新发展格局"，以应对和防范各种外部不确定性风险。朱晶等（2021a）曾指出，推进以国际贸易为代表的国际循环是保障中国粮食安全的重要路径。随着国内粮食消费潜力的不断释放，在今后较长的一段时间内，中国粮食大规模依赖进口的格局不会改变。在当今复杂的贸易环境背景下，探索中国粮食产品进口依赖性风险，对粮食产品进口问题进行科学分析，不仅有利于防范和化解粮食产品进口风险，更有利于中国提前布局，把握粮食产品进口主动权，提升中国粮食安全保障能力。

与已有研究不同的是，本文以近年来国际经贸环境不确定性增加为背景，以大豆、大米、玉米、小麦为例对中国粮食进口依赖性风险指标进行了重新测算，考察 2018~2021 年中国的 4 种粮食产品进口依赖性风险水平，并据此提出保障中国粮食产品进口安全的对策建议，对于在"双循环"格局下中国的粮食贸易发展具有重要的理论和现实意义。

本文具体内容安排如下：第二部分为相关文献综述；第三部分为中国粮食产品进口现状；第四部分为数据来源与指标构建；第五部分为中国大豆、大米、玉米、小麦进口依赖性风险分析；第六部分为结论与对策建议。

二、相关文献综述

关于粮食产品进口风险，学者们开展了诸多卓有成效的研究。主要围绕以下三个方面展开：一是粮食进口供求风险。韩磊（2023）认为，中国的重要农产品供需矛盾凸显，品种间供大于求与供给不足并存，且多种产品对外依存度过高，进口来源高度集中，在国际贸易环境恶化的背景下，粮食产品国际供给不稳定，王锐等（2022）也得出类似的结论。而钟甫宁（2004）则认为，中国的粮食自给率足够高，进口风险较小。二是国际粮食价格波动风险。刘丽等（2022）发现，2020 年 6 月以来国际粮价持续攀升，在高水平开放的背景下，国际粮价大幅波动会对中国玉米和小麦的进口量以及国内大豆和玉米生产产生较大影响。朱聪等（2022）分析了大豆、玉米、大米、小麦 4 种粮食产品的国内外价格走势，发现国际市场价格上涨对中国国内市场的影响有限。三是粮食出口国垄断性风险。傅龙波等（2001）认为，粮食出口国具有垄断性，将会对中国的粮食进口带来不利影响。朱晶等（2021b）也指出，全球粮食出口市场呈现寡头垄断市场格局，使粮食进口国在国际市场中易受到突发公共卫生事件的威胁，给粮食进口带来风险。

受粮食产品消费需求增长的驱使，中国粮食进口规模不断扩大，对外依存度普遍较高，因此确保粮食产品国际贸易畅通是维护粮食安全的重要保障（魏艳骄等，2021）。然而，一方面，由于关税壁垒及非关税壁垒的长期存在，粮食产品进口市场不稳定性因素增加，对于像中国这样的粮食产品净进口国而言，风险不言而喻（Huang 等，2018；张震和高越 2020；罗兴武等，2014）；另一方面，全球的粮食供应呈现寡头垄断的市场格局，使得中国容易在国际市场中受到不确定性的威胁（朱晶等，2021b）。尤其是在中美贸易摩擦反复不断（王荣博等，2022；张建武和钟晓风，2022），叠加新冠疫情全球蔓延（汤碧和李妙晨，2022；王新华和吴怡林，2023）的影响，粮食产品进口风险愈加凸显。例如，全球粮食产品供应链断裂带来的可获性风险（Zhang 等，2021），粮食主产国减产的风险（Rio 等，2016；Zhou 等，2021），各国出口限制政策导致的粮食贸易中断风险（Kerr，

2020）等，使得中国的粮食产品进口依赖性风险的相关议题受到了学者们的关注。例如，刘林奇（2015）运用依赖性风险模型评价了 4 种粮食的进口依赖性风险，发现 4 种粮食均在不同阶段存在过度依赖性风险。因此，面对外界不确定性风险加剧、粮食进口不稳定性增加等挑战，中国应深化粮食贸易合作，积极创造稳定的贸易环境，建立应对国际突发事件响应与预案机制（高鸣和赵雪，2023）。虽然已有研究对于此类问题有过相关探讨，但在当今经贸环境不确定性增加的背景下，中国四大粮食品种的进口依赖性风险可能存在些许变化。鉴于此，本文基于 2018~2021 年中国大豆、大米、玉米和小麦的进口依赖性风险指标，分析新时代中国粮食进口依赖性风险，并以此提出在新发展格局下保障中国粮食安全的政策建议。

三、中国粮食产品进口现状

（一）中国粮食贸易总量大，粮食进口远大于出口

中国的粮食贸易总量呈持续上升趋势，且粮食进口量远大于出口量，贸易逆差持续扩大。表 1 数据显示，2011~2022 年，中国大豆净进口量由 5224 万吨上升至 9096 万吨，涨幅达 74%；中国大米净进口量由 37 万吨上升至 604 万吨，涨了 16 倍；中国玉米净进口量由 162 万吨上升至 2062 万吨，涨了将近 13 倍；小麦净进口量由 121 万吨上升至 987 万吨，涨了 8 倍，4 种粮食的净进口量均呈现较大涨幅，中国粮食进口贸易蓬勃发展。中国已经成为世界上最大的大豆进口国，国内近 90% 的大豆需求需要通过进口满足[①]。然而自 2018 年中美贸易争端开始，大豆进口量有所回落，下降了 9%，随后缓慢上升，直至 2020 年新冠疫情暴发，中国大豆进口贸易受到影响，进口量由 2020 年的 10031 万吨降至 2022 年的 9108 万吨，下降了 1/10，外部不确定因素对中国大豆进口存在显著负面影响，而对于大米、玉米和小麦的进口贸易则没有表现出影响。

（二）中国粮食进口来源集中

大豆、大米、玉米和小麦的进口集中程度及来源国家存在差异。其中，大豆高度依赖进口，进口来源集中，2022 年中国从巴西进口的大豆贸易额为 3732144 万美元，占全部大豆进口贸易额的 61%，从美国进口的大豆贸易额为 1910834 万美元，占全部大豆进口贸易额的 31%，从上述两国进口的大豆占据总进口量的 92%（见表 2）。近年来，中国大豆进口来源相对稳定，[②] 从巴西、美国和阿根廷进口的大豆均占总进口量的 96%。大米虽进口来源也相对集中，但各主要进口来源国的进口量相对均衡。2022 年中国从印度进口的大米贸易额最多，为 77698 万美元，占总进口量的 30%，从巴基斯坦进口的大米贸易额次之，为 45540 万美元，占比 17%，从越南进口的大米贸易额位居第三，为 43718 万美元，占比 17%，三者加总占比 64%（见表 3）。从玉米的进口来源看，2022 年中国从美国的玉米进口贸易额为 528403 万美元，占玉米总进口量的 74%，从乌克兰的玉米进口额为 164973 万美元，占比 23%，两国加总占比 98%（见表 4）。而小麦的进口集中度高但进口来源国存

---

① 数据来源：布瑞克数据库。

② 由 UN Comtrade 数据库总结得出，限于篇幅，不做具体展示。

表 1 中国大豆、大米、玉米、小麦进出口情况

单位：万吨

年份	大豆			大米			玉米			小麦		
	进口	出口	净进口	进口	出口	净进口	进口	出口	净进口	进口	出口	净进口
2011	5245.28	20.83	5224.46	57.84	20.83	37.01	175.28	13.60	161.68	124.88	3.98	120.90
2012	5838.26	32.01	5806.25	234.46	32.01	202.45	520.71	25.73	494.98	368.86	0.00	368.86
2013	6337.79	20.90	6316.89	224.43	20.90	203.53	326.49	7.76	318.73	550.67	0.25	550.42
2014	7140.31	20.71	7119.60	255.65	20.71	234.95	259.85	2.00	257.85	297.12	0.10	297.03
2015	8168.97	13.36	8155.61	335.00	13.36	321.64	472.86	1.11	471.75	297.18	0.53	296.65
2016	7409.31	27.19	7382.13	217.83	27.19	190.64	299.18	0.65	298.53	344.22	1.86	342.36
2017	9553.42	11.22	9542.20	399.28	11.22	388.06	282.56	6.87	275.69	429.65	1.00	428.65
2018	8803.70	13.39	8790.31	303.70	13.39	290.31	352.15	1.20	350.95	287.76	0.73	287.02
2019	8851.28	11.45	8839.84	250.33	11.45	238.88	479.08	2.57	476.51	320.48	0.85	319.63
2020	10031.45	7.95	10023.50	291.09	7.95	283.14	1124.06	0.25	1123.80	815.12	0.00	815.12
2021	9651.68	7.36	9644.32	492.42	7.36	485.06	2834.82	0.68	2834.14	971.14	0.43	970.71
2022	9108.14	11.92	9096.22	615.83	11.92	603.91	2061.85	0.10	2061.74	987.31	0.58	986.73

资料来源：UN Comtrade 数据库，指标选取 HS-4 位编码中的 1001 小麦和麦麸，1005 玉米，1006 大米，1201 大豆，无论是否破碎，下同。

在一定的变化，2022 年中国从澳大利亚进口小麦贸易额为 210096 万美元，占小麦总进口量的 56%，从加拿大的进口小麦贸易额为 79041 万美元，占比 21%，从法国的进口贸易额为 60823 万美元，占比 16%，三者加总占比 93%（见表 5）。而 2020 年的小麦进口贸易额前三位的国家分别为法国、加拿大和美国，总占比 78%，2021 年小麦进口贸易额前三位的国家分别为澳大利亚、美国和加拿大，总占比 82%。[①] 可见虽然中国的主要小麦进口来源国有些许变化，但进口贸易额前三位的国家贸易额总和占比均保持在 80% 左右，集中度较高。

表 2　2022 年中国大豆进口来源国、贸易额及占比

排名	进口来源国	进口贸易额（万美元）	占比（%）
1	巴西	3732144	60.95
2	美国	1910834	31.20
3	阿根廷	242681	3.96

资料来源：UN Comtrade 数据库，下同。

表 3　2022 年中国大米进口来源国、贸易额及占比

排名	进口来源国	进口贸易额（万美元）	占比（%）
1	印度	77698	29.63
2	巴基斯坦	45540	17.36
3	越南	43718	16.67

表 4　2022 年中国玉米进口来源国、贸易额及占比

排名	进口来源国	进口贸易额（万美元）	占比（%）
1	美国	528403	74.38
2	乌克兰	164973	23.22
3	缅甸	6555	0.92

表 5　2022 年中国小麦进口来源国、贸易额及占比

排名	进口来源国	进口贸易额（万美元）	占比（%）
1	澳大利亚	210096	55.58
2	加拿大	79041	20.91
3	法国	60823	16.09

---

① 数据来源：UN Comtrade 数据库。

四、数据来源与指标构建

（一）数据来源

本文主要分析大豆、大米、玉米和小麦 4 种粮食的进口依赖性风险情况。所涉数据均来自 FAOSTAT 数据库和 UN Comtrade 数据库。

（二）进口依赖性风险评价指标

中国的粮食供给普遍存在进口依赖度高的问题，且多种粮食的进口来源相对集中，因此，要全面衡量中国粮食的进口依赖性风险，需要构建以下三个指数：一是中国对粮食出口国市场的依赖性指数；二是粮食出口国对中国市场的依赖性指数；三是中国对粮食出口国的粮食进口依赖性风险指数。

1. 中国对粮食出口国市场的依赖性指数

本文参考傅龙波等（2001）的方法构建粮食进口依赖的风险评价模型，分别由以下三个部分组成：

$$P_{it1} = \frac{M_{it}}{X_{it}} \tag{1}$$

$$P_{it2} = \frac{M_{itc}}{X_{it}} \tag{2}$$

$$P_{it3} = \frac{M_{cit}}{X_{wit}} \tag{3}$$

$$P_{it} = P_{it1} \times P_{it2} \times P_{it3} \tag{4}$$

其中，式（1）代表中国 i 粮食在 t 年的进口比重；式（2）代表中国在 t 年从 c 国进口的 i 粮食占比；式（3）代表 c 国粮食出口世界的份额。具体地，式（1）中 M_{it} 表示中国 i 粮食在 t 年的进口贸易额，X_{it} 表示中国 i 粮食在 t 年的出口贸易额。若 P_{it1} 呈上升趋势，说明中国该种粮食的自给率下降、对该种粮食的进口依赖性风险上升，同时，中国对 i 粮食出口国市场的依赖性 P_{it} 也将随之上升。式（2）中 M_{itc} 表示中国在 t 年从 c 国进口的 i 粮食总量。若 P_{it2} 上升，意味着中国对于该出口国市场的依赖性 P_{it} 将上升。式（3）中，X_{cit} 表示 c 国 t 年的 i 种粮食出口量，X_{wit} 表示全世界 t 年的 i 种粮食出口量。若 P_{it3} 上升，表明 c 国 t 年的 i 种粮食出口份额上升，即中国从该国进口的可能性变大，对于该国的进口依赖性风险上升，也即 P_{it} 将上升。

2. 粮食出口国对中国市场的依赖性指数

$$N_{it1} = \frac{X_{cit}}{Y_{cit}} \tag{5}$$

$$N_{it2} = \frac{X_{cit\_C}}{X_{cit}} \tag{6}$$

$$N_{it3} = \frac{M_{it}}{M_{wit}} \tag{7}$$

$$N_{it} = N_{it1} \times N_{it2} \times N_{it3} \tag{8}$$

其中，式（5）表示 t 年 c 国 i 粮食出口比重；式（6）表示 t 年 c 国对中国出口 i 粮食比例；式（7）表示 t 年中国 i 粮食进口占世界进口的份额。具体地，式（5）中 Y_{cit} 表示 t 年 c 国 i 粮食产量。如果 N_{it1} 上升，那么说明该国对于所有粮食进口国市场依赖性上升，对于中国市场的依赖性 N_{it} 也将上升。式（6）中，X_{cit_c} 表示 t 年 c 对中国 i 粮食的出口量。如果 N_{it2} 上升，那么说明该国对中国的市场依赖性 N_{it} 上升。式（7）中，M_{wit} 表示 t 年全世界 i 粮食进口总量。如果 N_{it3} 上升，那么意味着我国 i 粮食的进口市场份额上升，c 国对中国的市场依赖性 N_{it} 上升。

3. 中国对粮食出口国的粮食进口依赖性风险指数

$$R_{it} = \frac{P_{it}}{N_{it}} \tag{9}$$

其中，如果 $R_{it} > 1$，说明中国对于 c 出口国市场的依赖性大于 c 国对中国市场的依赖性，那么贸易主动权掌握在对方手中，i 粮食进口存在依赖性风险；反之，则说明贸易主动权掌握在中国手中，该种粮食进口不存在依赖性风险。

五、中国大豆、大米、玉米、小麦进口依赖性风险分析

（一）中国大豆进口依赖性风险分析

由表 2 可以看出，2022 年中国大豆进口主要依赖巴西、美国和阿根廷 3 个国家，因此，本文选取这三国计算中国大豆的进口依赖性风险指数，结果如表 6 所示：

表 6　中国大豆进口依赖性风险指数

年份	巴西			美国			阿根廷		
	P_{it}	N_{it}	R_{it}	P_{it}	N_{it}	R_{it}	P_{it}	N_{it}	R_{it}
2018	40.61	0.15	6.09	56.02	0.13	7.28	2.60	0.25	0.65
2019	37.50	0.14	5.25	47.07	0.14	6.59	4.25	0.24	1.02
2020	74.17	0.12	8.90	85.56	0.16	13.69	3.18	0.28	0.89
2021	87.46	0.13	11.37	77.35	0.17	13.15	2.97	0.31	0.92
平均	59.94	0.14	7.90	66.50	0.15	10.18	3.25	0.27	0.87

资料来源：FAOSTAT、UN Comtrade 数据库，下同。

2018~2021 年中国对巴西的进口依赖性风险指数平均值为 59.94，对美国的进口依赖性风险指数平均值为 66.50，而对阿根廷的进口依赖性风险指数平均值为 3.25，因此，中国对美国的大豆进口依赖性最强。反观以上三国对于中国市场的依赖性程度，阿根廷 2018~2021 年依赖性指数均值为 0.27，位列第一。R_{it} 的结果表明，中国对巴西和美国的大豆进口依赖性较强，2018~2021 年该值均大于 1，其中，中国对巴西的大豆进口依赖性指数均值为 7.90，中国对美国的大豆进口依赖性指数均值为 10.18，因此中国大豆对于美国的进口依赖性风险最强，存在较大风险。2019 年中国对阿根廷的进口依赖性指数大于 1，其余三年均小于 1，均值仅为 0.87，因此中国从阿根廷进口大豆的依赖性风险较小。

（二）中国大米进口依赖性风险分析

表 3 显示，2022 年中国大米主要从印度、巴基斯坦和越南进口，因此，本文主要以这三国为研究对象分析中国大米进口依赖性风险（见表 7）。

表 7   中国大米进口依赖性风险指数

年份	印度			巴基斯坦			越南		
	P_{it}	N_{it}	R_{it}	P_{it}	N_{it}	R_{it}	P_{it}	N_{it}	R_{it}
2018	0.00	0.00	1.37	0.00	0.00	1.54	0.00	0.00	0.86
2019	0.00	0.00	2.23	0.00	0.00	1.17	0.00	0.00	0.67
2020	0.00	0.00	0.59	0.00	0.00	0.96	0.00	0.00	0.91
2021	0.00	0.00	1.02	0.00	0.00	1.75	0.00	0.00	0.33
平均	0.00	0.00	1.30	0.00	0.00	1.36	0.00	0.00	0.69

注：由于表中仅保留两位小数，因此表中的 0.00 并非真正意义上的 0，下同。

从表 7 可以看出，中国对印度、巴基斯坦和越南的大米进口依赖性指数以及上述 3 国对中国大米进口的依赖性指数均几乎为 0。就中国对以上 3 个国家的大米进口依赖性风险指数 R_{it} 而言，2018~2021 年中国对印度的大米进口依赖性指数均值为 1.30，对巴基斯坦的大米进口依赖性指数均值为 1.36，而对越南的大米进口依赖性指数均值仅为 0.69。综合而言，中国大米的进口依赖性风险主要来源于印度和巴基斯坦，而中国对越南的大米进口依赖性风险较低，暂不存在进口依赖性风险。

（三）中国玉米进口依赖性风险分析

表 4 显示，2022 年中国玉米主要从美国、乌克兰和缅甸进口，因此，本文主要以这 3 国为研究对象分析中国玉米进口依赖性风险（见表 8）。

表 8   中国玉米进口依赖性风险指数

年份	美国			乌克兰			缅甸		
	P_{it}	N_{it}	R_{it}	P_{it}	N_{it}	R_{it}	P_{it}	N_{it}	R_{it}
2018	10.29	0.00	2406.03	0.00	0.00	0.02	0.00	0.00	0.02
2019	3.67	0.00	4341.52	0.00	0.00	0.03	0.00	0.00	0.01
2020	6.95	0.00	2382.33	0.00	0.00	0.01	0.00	0.00	0.01
2021	4.57	0.00	580.12	0.00	0.00	0.01	0.00	0.00	0.00
平均	6.37	0.00	2427.25	0.00	0.00	0.02	0.00	0.00	0.01

由表 8 可知，美国、乌克兰和缅甸对于中国的依赖性指数都几乎为 0，中国对于乌克兰和缅甸的玉米进口依赖性也处于较低水平，2018~2021 年 P_{it} 均值几近于 0，R_{it} 均值分别为 0.02 和 0.01，不存在进口依赖性风险。中国对于美国的玉米进口依赖性则较高，2018~2021 年 P_{it} 均值为 6.37，玉米进口依赖性风险指数 R_{it} 均值达到 2427.25。由此可见，中国

对美国的玉米进口依赖性风险较高，存在较大的进口依赖性风险。

（四）中国小麦进口依赖性风险分析

表 5 表明，2022 年中国小麦主要从澳大利亚、加拿大和法国进口，因此，本文主要以这 3 国为研究对象分析中国小麦进口依赖性风险（见表 9）。

表 9　中国小麦进口依赖性风险指数

年份	澳大利亚			加拿大			法国		
	P_{it}	N_{it}	R_{it}	P_{it}	N_{it}	R_{it}	P_{it}	N_{it}	R_{it}
2018	0.44	0.00	250.19	0.00	0.00	1.05	0.00	0.00	2.31
2019	0.11	0.00	162.92	0.00	0.00	3.89	0.00	0.00	1.98
2020	—	0.00	—	0.00	0.00	5.14	0.00	0.00	3.62
2021	0.85	0.00	422.57	0.00	0.00	4.58	0.00	0.00	1.09
平均	—	0.00	—	0.00	0.00	3.67	0.00	0.00	2.25

注：—为缺失值。

表 9 结果显示，澳大利亚、加拿大和法国对于中国的依赖性指数近乎为 0。中国对加拿大和法国小麦市场的进口依赖型指数也几乎为 0，2018～2021 年进口依赖性风险指标 R_{it} 均值分别为 3.67 和 2.25。中国对澳大利亚小麦市场依赖性最高，2018～2021 年 P_{it} 均值为 0.47，R_{it} 均值为 208.92。因此，中国的小麦进口均存在依赖性风险，其中风险主要来自澳大利亚。

六、结论与对策建议

中国的大豆、大米、玉米和小麦 4 种粮食产品的贸易逆差逐渐增大，粮食供应高度依赖进口，且进口来源相对集中，因此在中美贸易摩擦等复杂贸易环境的背景下，中国粮食进口风险大幅增加。为此，本文构建了进口依赖性风险指标，通过分析 4 种粮食产品对于进口来源国的依赖性风险，结果发现，中国大豆对于美国的进口依赖性风险最强，对于巴西的进口依赖性风险次之，均存在风险；中国大米存在进口依赖性风险，且主要来源于印度和巴基斯坦，而对越南暂不存在进口依赖性风险；中国对美国的玉米存在进口依赖性风险，而对乌克兰和缅甸暂不存在进口依赖性风险；中国小麦进口对于澳大利亚、加拿大和法国均存在依赖性风险，其中风险主要来自澳大利亚。对此，本文提出以下三点政策建议：

（一）提升粮食生产能力，减少国际市场的依赖

中国的粮食存在生产技术落后、生产规模较小、生产成本较高等问题，因此目前粮食生产能力较低，且价格相较于国际市场不具有比较优势，中国的粮食长期依赖进口。为了减少粮食供应对国际市场的依赖，要切实提升中国本土的粮食生产能力。为此，一方面中国应提升农业生产技术水平，加快推进农业现代化建设，建设农业强国，推动机械化代替传统劳动力生产，加强数字化在粮食生产中的应用，加快生产方式的更迭，提升粮食生产

效率。同时中国还应加强对粮食生产者的农业技术培训,增强业务能力,提升粮食生产知识水平,从而带动粮食生产能力的提升。另一方面中国应加快土地流转步伐,实现规模化经营。因大型机械设备具有不可分性,扩大生产规模可以实现规模经济(纪月清等,2017),降低粮食生产成本。根据比较优势理论,当中国与国际市场粮食价格差距缩小后,中国的粮食将更具有竞争力,对于国际市场的依赖也会随之减少。

(二)拓宽粮食进口渠道,实施多元化进口战略

中国的粮食供给依赖进口,且进口来源相对集中,容易受到外界不利因素冲击,进而影响中国的粮食安全,也会影响中国的粮食贸易利益。因此,中国应积极拓宽粮食进口渠道,实施多元化进口战略。例如,针对大豆进口,不仅要稳定美国和巴西市场,还要加大从阿根廷和乌拉圭等生产能力强的国家的进口;针对大米进口,要增加从巴基斯坦和越南等依赖性风险小、生产能力强的国家进口;针对玉米进口,不仅要稳定美国市场,同时要加大从乌克兰和缅甸等依赖性风险小的国家进口;针对小麦进口,不仅要稳定澳大利亚、加拿大和法国市场。同时还应寻求其他小麦生产能力强、进口依赖性风险小的国家。实施多元化进口战略具体应分两步走:首先应稳定传统粮食进口市场,与这些国家签订长期协议,建立长久的经贸往来合作伙伴关系,以规避各种冲击带来的风险;其次,充分利用各国差异来稳定进口,就大豆而言,应夏季从南美进口,冬季从北美进口。另外,还应扩大与非传统粮食出口国之间的贸易往来,拓宽粮食进口渠道。

(三)加强区域经贸合作,打造粮食贸易新格局

中国应积极推动粮食产品的贸易自由化和便利化,完善基础设施建设,进一步释放"一带一路"倡议带来的粮食贸易潜力,推动与"一带一路"沿线国家之间粮食产品贸易的谈判与合作。2022 年中国大米进口贸易额排名前六位的印度、巴基斯坦、越南、泰国、缅甸和柬埔寨,玉米进口贸易额排名第三、第四位的缅甸、保加利亚,小麦进口贸易额排名第五位的哈萨克斯坦,均为"一带一路"沿线国家。对于这些国家应合理降低关税,同时降低非关税壁垒。提高粮食产品的通关效率,降低费用,完善粮食产品"绿色通道"。另外,应积极开拓国外耕地租赁业务,积极发展海外粮食生产。对于在国内生产不具备比较优势的粮食品种,应鼓励本国企业开展对外直接投资从事粮食生产,进而将粮食销往国内,这种方式区别于传统的粮食进口,因其从本国企业或国人手中购买,大大降低粮食产品进口风险。

参考文献

[1] 柯炳生.我国粮食安全的新变化新思考 [J].农村工作通讯,2023,30 (5):22-24.

[2] 魏艳骄,张慧艳,朱晶.新发展格局下中国大豆进口依赖性风险及市场布局优化分析 [J].中国农村经济,2021,44 (12):66-86.

[3] 王新华,吴怡林.当前国际形势下我国粮食贸易格局变化趋势及粮食进口风险防范研究 [J].农业经济,2023,43 (1):117-121.

[4] 朱晶,臧星月,李天祥.新发展格局下中国粮食安全风险及其防范 [J].中国农村经济,2021a,44 (9):2-21.

[5] 韩磊.大食物观下我国重要农产品稳产保供的现实困境与政策思路 [J].当代经济管理,2023,

45（4）：1-10.

[6] 王锐，卢根平，陈倬，王新华．经贸环境不确定背景下中国粮食进口风险分析 [J]．世界农业，2020，42（5）：47-56.

[7] 钟甫宁．粮食市场的改革与全球化：中国粮食安全的另一种选择 [M]．北京：中国农业出版社，2004.

[8] 刘丽，孙炜琳，王国刚．高水平开放下国际粮食价格波动对中国农产品市场的影响 [J]．农业技术经济，2022，41（9）：20-32.

[9] 朱聪，曲春红，王永春，赵伟．新一轮国际粮食价格上涨：原因及对中国市场的影响 [J]．中国农业资源与区划，2022，43（3）：69-80.

[10] 傅龙波，钟甫宁，徐志刚．中国粮食进口的依赖性及其对粮食安全的影响 [J]．管理世界，2001，17（3）：135-140.

[11] 朱晶，李天祥，臧星月．高水平开放下我国粮食安全的非传统挑战及政策转型 [J]．农业经济问题，2021b，42（1）：27-40.

[12] Huang J, Piñeiro M, Piñeiro V, et al. Global Food Security and Market Stability: The Role and Concerns of Large Net Food Importers and Exporters [R]. Washington, DC: IFPRI, 2018.

[13] 张震，高越．中国对美国农产品加征关税的影响——基于 GTAP 模型的分析 [J]．世界农业，2020，42（7）：42-52.

[14] 罗兴武，谭晶荣，杨兴武．中国大宗农产品进口非关税措施的效应分析——以大豆、棉花、植物油、谷物、食糖为例 [J]．农业经济问题，2014，35（3）：62-67.

[15] 王容博，曹历娟，朱晶．中美经贸摩擦中的农产品进口与中国粮食安全 [J]．国际贸易问题，2022，48（5）：122-136.

[16] 张建武，钟晓凤．中美贸易摩擦对中国农产品进口的影响 [J]．华南农业大学学报（社会科学版），2022，21（3）：102-114.

[17] 汤碧，李妙晨．后疫情时代我国大豆进口稳定性及产业发展研究 [J]．农业经济问题，2022，43（10）：123-132.

[18] Zhang C Y, Yang Z, Feng C, et al. Risk of Global External Cereals Supply under the Background of the COVID-19 Pandemic: Based on the Perspective of Trade Network [J]. Foods, 2021, 10（6）：1-17.

[19] Rio A, Sentelhas P C, Farias J R B, et al. Alternative Sowing Dates as a Mitigation Measure to Reduce Climate Change Impacts on Soybean Yields in Southern Brazil [J]. International Journal of Climatology, 2016, 36（11）：3664-3672.

[20] Zhou W K, Guan B, Peng Z, et al. A Generic Risk Assessment Framework to Evaluate Historical and Future Climate-induces Risk for Rainfed Com and Soybean Yield in the U. S. Midwest [J]. Weather and Climate Extremes, 2021, 33（9）：1-16.

[21] Kerr W A. The COVID-19 Pandemic and Agriculture: Short- and Long-run Implications for International Trade Relations [J]. Canadian Journal of Agricultural Economics, 2020, 68（2）：225-229.

[22] 刘林奇．基于粮食安全视角的我国主要粮食品种进口依赖性风险分析 [J]．农业技术经济，2015，34（11）：37-46.

[23] 高鸣，赵雪．农业强国视域下的粮食安全：现实基础、问题挑战与推进策略 [J]．农业现代化研究，2023（1）：1-11.

[24] 顾天竹，纪月清，钟甫宁．中国农业生产的地块规模经济及其来源分析 [J]．中国农村经济，2017，40（2）：30-43.

Analysis of Import Dependence of China's Four Major Grain Varieties

MA Jie

(*Institute of Food and Strategic Reserves, Nanjing University of Finance & Economics,*
Jiangsu Nanjing, 210023)

Abstract: The scale of China's grain imports has been expanding and the concentration of imports is generally high. In this paper, after evaluating grain import dependence risk evaluation indexes, we found that: China's soybean imports have dependence risk, and the risk mainly comes from the United States, followed by Brazil; rice imports have import dependence risk, and the risk mainly comes from India and Pakistan; corn imports have high dependence on the United States and have import dependence risk; the risk of import dependence exists for wheat imports to Australia, Canada and France, among which the risk mainly comes from Australia. In this regard, this paper puts forward the following three policy recommendations: firstly, enhance grain production capacity and reduce dependence on the international market; secondly, broaden grain import channels and implement a diversified import strategy; thirdly, strengthen regional economic and trade cooperation and create a new pattern of grain trade.

Key Words: Four Major Grain Varieties; Imports; Dependence Risk

碳减排背景下中国粮食贸易效率及潜力研究[①]

张钟方[1]　　侯立军[2]

(1. 南京财经大学 粮食和物资学院, 江苏 南京 210003
2. 南京财经大学 工商管理学院, 江苏 南京 210003)

摘　要: 本文以国际碳减排为背景, 分析中国粮食贸易现状。基于 1996~2019 年中国粮食贸易数据, 首先利用中国贸易数据计算中国粮食贸易比较优势指数, 然后构建随机前沿引力模型, 测算中国粮食贸易效率, 并对其影响因素进行分析。此外, 本文测算了 2019 年中国粮食贸易潜力, 为粮食贸易进一步发展提供方向。研究表明: 中国粮食贸易比较优势指数较低且呈下降趋势; 研究期间中国粮食贸易效率均值也呈下降趋势; 在粮食贸易影响因素中, 贸易伙伴国经济规模、中国人口和伙伴国人口、共同语言、制度距离、贸易自由度和金融自由度有效促进了粮食贸易发展, 而中国的经济规模、中国和贸易伙伴国的碳排放量都显著阻碍了粮食贸易发展。因此, 中国应大力推进碳减排措施、加强贸易合作、促进政策互通、提高贸易自由度和金融自由度, 实现粮食贸易效率水平的提升。

关键词: 碳减排; 比较优势指数; 随机前沿引力模型; 粮食贸易

一、引言

碳排放问题源于温室气体的增加产生气候变化导致的全球温度升高, 尤其是二氧化碳排放量的增加, 导致全球气候变暖, 并且这种变化在数十年甚至上百年的时间仍然存在。农业受气候影响较大, 碳排放引起的全球气候变暖, 使得农业特别是粮食生产的条件受到影响, 不同国家的粮食生产资源禀赋也会进一步产生差异, 在此基础上形成的粮食贸易格局必然受到影响。根据国际能源署 (IEA) 的数据, 截至 2007 年, 中国已经成为全球二氧化碳排放量最多的国家, 因此减排责任重大。在 2015 年全球气候变化大会上, 中国提出在 2030 年争取达到碳达峰, 2060 年争取实现碳中和, 面对 "双碳" 目标, 减排势在必行。

粮食安全关系国计民生, 随着中国人民生活水平的不断提高以及膳食结构的不断升级, 中国粮食需求逐渐增大。在耕地资源有限的情况下, 粮食贸易可以有效解决需求和供给之间不匹配的矛盾, 实现粮食供求平衡。在全球倡导碳减排的背景下, 中国与伙伴国的

---

①　收稿日期: 2023-02-18。

基金项目: 教育部人文社会科学研究规划基金项目 (17YJAZH031); 江苏省研究生科研创新计划 (KYCX21-1444); 南京财经大学服务国家特殊需求博士人才科研专项项目 (BSZX2021-01)。

贸易效率如何，与哪些国家贸易潜力巨大，具有进一步拓展的空间。对这些问题进行深入研究有助于更加系统和全面地了解碳减排背景下中国与伙伴国粮食贸易现状，并将贸易损失减少到最小来寻找最优贸易路径。

二、文献综述

（一）关于碳排放的研究

Georgios Mermigkas 在 2018 年农业贸易政策与农业可持续发展国际研讨会上指出，发达国家多分布在高纬度地区，不发达国家和发展中国家多分布在低纬度地区，碳排放增加导致的气候变暖对发达国家农业产生积极影响，而对不发达国家和发展中国家农业产生消极影响。此外，各国通过粮食贸易应对气候变化以保障本国的粮食安全。随着与碳排放相关的环保问题在国际上越来越受重视，绿色贸易壁垒也对农产品贸易产生了重要的影响。胡国良和黄子坤（2022）通过分析中国与中亚五国农产品贸易现状，指出绿色贸易壁垒对双边农产品贸易存在不利影响。高茜和王思文（2022）采用气候保护支出模型预测中国碳峰值，并利用引力模型发现中国碳排放量与中国对美国农产品出口额呈正相关关系。

（二）关于中国粮食贸易效率及影响因素的研究

关于农产品贸易及效率，相关研究多采用引力模型进行效率的测算和潜力的分析。相对于传统的引力模型只考虑一些客观因素，其他因素只能放入随机扰动项中，由 Meeusen 和 Van（1997）、Dennis 等（1977）提出的随机前沿引力模型克服了这种不足，成为研究贸易效率的主流方法。曹芳芳等（2022）利用随机前沿引力模型考察贸易制度安排对中国出口"一带一路"沿线国家农产品贸易效率的影响并进行贸易效率的测算，认为中国对这些国家出口农产品的平均效率较低，且对印度、越南、日本、缅甸、印度尼西亚和俄罗斯等国有较大的出口潜力。程云洁和刘娴（2022）采用随机前沿引力模型测算中国与 RCEP 国家农产品进口贸易效率，发现中国与澳大利亚和新西兰的农产品贸易潜力可以进一步拓展。高江涛等（2021）通过分析中俄粮食资源走廊建设，得出中国与俄罗斯粮食贸易效率较低、贸易潜力巨大的结论。

关于粮食贸易影响因素，现有研究普遍认为中国与伙伴国的经济规模（GDP）、人口规模、地理距离、共同边界等变量会影响粮食贸易。柴桦（2018）认为，经济规模是促进中国与"一带一路"沿线国家农产品贸易的主要因素，距离则对两者贸易产生负向作用。韩冬等（2020）指出良好的经济发展水平、文化交流程度和较好的农业自然禀赋能够显著促进双边粮食贸易，地理距离则有阻碍作用。李月娥和张吉国（2021）研究发现，中国和贸易国的 GDP 对农产品贸易有显著的促进作用，而中国人口、地理距离和语言距离则对农产品贸易有显著的负向作用。此外，贸易的非效率因素也是造成实际贸易和潜在贸易产生差异的重要因素，如建立自贸协定、贸易的便利化程度、贸易自由度、货币自由度、金融自由度以及政府效能等。党琳静和赵景峰（2020）研究认为，在中国对"一带一路"沿线国家的农产品出口贸易中，政府效能的提高和自贸协定的建立均能促进双方进行良好的政策沟通和协调，从而提高出口贸易效率；贸易自由度和进口清关时间也因农产品的特殊性对出口贸易效率起到正向影响；货币自由度与金融自由度对提高农产品贸易数量和金额有极大的促进作用。韩啸等（2016）测算中国对"一带一路"沿线国家农产品贸易潜力，并分析贸易便利化水平对农产品贸易的影响，认为提升贸易便利化水平能够显著促进双边农产品贸易发展。王瑞和王永龙（2017）的研究则发现，出口国货币和金融自由度降低了中国对"丝绸之路经济带"沿线国家的农产品进口贸易效率。

（三）研究述评

通过对相关研究成果的梳理发现，研究中国与伙伴国农产品贸易的成果颇丰，但是具体到对粮食贸易进行研究的文献则较少，特别是缺乏在碳减排背景下，对中国与伙伴国粮食贸易效率及潜力的研究。本文以粮食为研究对象，利用 1996~2019 年中国粮食贸易数据，在分析中国粮食贸易现状的基础上，测算中国粮食贸易显性比较优势指数，并建立随机前沿引力模型，探讨粮食贸易效率及影响因素，计算中国粮食贸易潜力及贸易拓展空间。

三、中国粮食贸易现状

（一）中国粮食贸易基本情况

随着人民生活水平的不断提高，中国的粮食需求不断上涨。图 1 显示了 1990~2019 年中国粮食贸易总体情况，可以看到，在 2001 年加入 WTO 后，中国粮食贸易规模和范围不断扩大。2001~2019 年，粮食总贸易量由 2137.86 万吨增加到 9677.10 万吨。特别是随着城镇化水平的不断提高和消费者膳食结构的改善，即使在粮食产量"十几连丰"的情况下，中国粮食贸易仍出现了出口量逐渐减少、进口规模迅速扩大的情况，1990~2019 年中国粮食进出口情况如图 2 和图 3 所示。在各种粮食品种的进口量上，大豆远高于玉米、稻谷和小麦，成为进口量最大的粮食品种，这与饲料粮的需求激增密切相关。2019 年中国粮食贸易中大豆贸易量为 885.86 万吨，所占比例高达 91.7%（见图 4）。

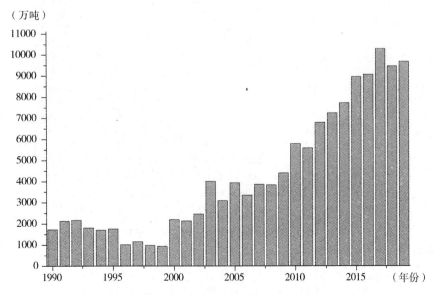

图 1　1990~2019 年中国粮食贸易总体情况

资料来源：由 FAO（联合国粮食及农业组织）数据库整理而得。

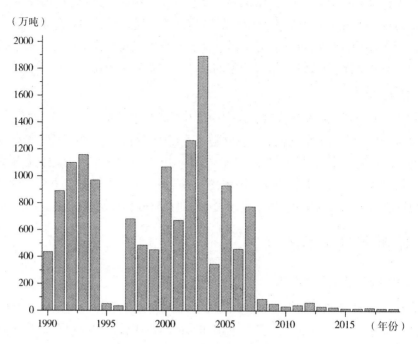

图 2 1990~2019 年中国粮食出口情况

资料来源：由 FAO（联合国粮食及农业组织）数据库整理而得。

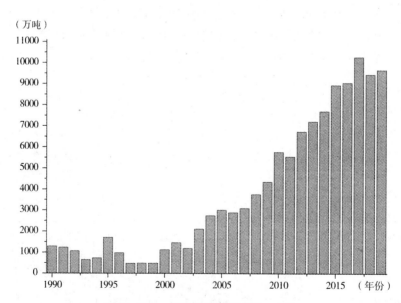

图 3 1990~2019 年中国粮食进口情况

资料来源：由 FAO（联合国粮食及农业组织）数据库整理而得。

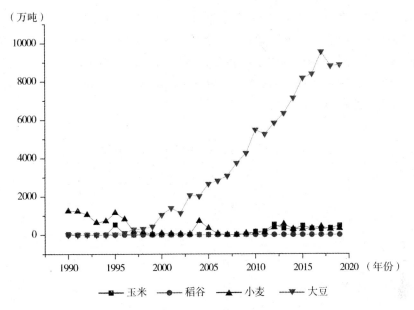

图 4　1990~2019 年中国四种粮食品种进口情况

资料来源：由 FAO（联合国粮食及农业组织）数据库整理而得。

（二）中国粮食贸易比较优势分析

根据李嘉图提出的比较优势理论，贸易产生的根源在于相对成本而不是绝对成本的差异。在作为唯一生产要素的劳动力边际报酬不变，且仅能在本国内自由流动而不能在国家间流动的前提下，国家应该生产并出口相对优势产品，从其他国家进口相对劣势产品，以实现资源的优化配置。但随着宏观和微观环境的变化，贸易条件也不断发生变化，相对优劣势产品亦随之变化。因而要客观看待相对优势，并随着贸易环境变化逐步调整政策。

RCA（Revealed Comparative Advantage Index）指数即显性比较优势指数，由 Bela Balassa（1965）提出，能够较好地识别出一个国家或地区的某一个行业在对外贸易方面的比较优势。它通过某产业在本国所有出口贸易中的份额与本产业在世界所有出口贸易中的份额的比值来表示，能够体现出本国对外贸易出口水平相对于世界平均水平的优势。具体公式如下：

$$RCA = \frac{\dfrac{X_{ai}}{X_{at}}}{\dfrac{X_{wi}}{X_{wt}}} \tag{1}$$

式（1）中，X_{ai} 表示国家 a 中 i 产品的出口额，X_{at} 表示国家 a 的出口总额，X_{wi} 表示全世界中产品 i 的出口额，X_{wt} 表示全世界的出口总额。X_{ai}/X_{at} 表示国家 a 的 i 产品出口情况，X_{wi}/X_{wt} 表示国际市场的 i 产品出口情况。一般认为，当 1.25<RCA<2.5 时，表示国家 a 在 i 产业上的国际竞争力极强；当 0.8<RCA<1.25 时，表示国家 a 在 i 产业上的国际竞争力很强；当 RCA<0.8 时，表示国家 a 在 i 产业上的国际竞争力较弱。

本文中的粮食品种包括小麦、玉米、稻谷和大豆，对应的 HS 编码分别为 1001、

1005、1006 和 1201。1992~2021 年中国粮食 RCA 指数计算结果如表 1 所示。从中可以看到，1992~2021 年，中国粮食出口竞争优势整体呈现下降趋势，1992~1994 年中国粮食在国际市场的竞争力极强，1998~2000 年和 2003 年也呈现出很强的国际竞争力，其余年份国际竞争力较弱，特别是 2008 年以后中国粮食国际竞争力出现明显下降趋势，说明中国粮食在国际贸易中的竞争力处于劣势。

表 1　1992~2021 年中国粮食 RCA 指数值

年份	RCA 指数值	年份	RCA 指数值
1992	1.6198	2007	0.2583
1993	1.6804	2008	0.0794
1994	1.5534	2009	0.0777
1995	0.0998	2010	0.0448
1996	0.1403	2011	0.0404
1997	0.7334	2012	0.0345
1998	1.0351	2013	0.0322
1999	0.8682	2014	0.0273
2000	1.1060	2015	0.0195
2001	0.6027	2016	0.0260
2002	0.7564	2017	0.0351
2003	0.8762	2018	0.0467
2004	0.2191	2019	0.0542
2005	0.3666	2020	0.0376
2006	0.2237	2021	0.0338

资料来源：根据联合国贸易统计数据库计算而得。

四、实证分析

（一）模型构建

由于传统的引力模型不能分析碳排放量、制度距离、是否加入"一带一路"沿线国家、货币自由度、贸易自由度、金融自由度等人为决定的贸易阻力问题，因而需要将随机前沿分析方法与传统引力模型相结合，采用随机前沿引力模型分析粮食贸易效率中上述因素的影响程度。

1. 随机前沿引力模型：

随机前沿引力模型设定如下：

$$Y_{ijt} = f\left(x_{ijt}; \beta\right) \exp\left(V_{ijt}\right) \exp\left(-U_{ijt}\right), \ U_{ijt} \geqslant 0 \tag{2}$$

$$\ln Y_{ijt} = \ln f\left(x_{ijt}; \beta\right) + V_{ijt} - U_{ijt}, \ U_{ijt} \geqslant 0 \tag{3}$$

式（3）为式（2）取对数后的结果，其中，Y_{ijt} 表示 t 时期 i 国与 j 国产品的贸易额，

x_{ijt} 表示影响两国贸易量的自然因素；β 表示待估计的参数；$V_{ijt}-U_{ijt}$ 表示复合误差项，两者相互独立，随机误差项 V_{ijt} 服从正态分布，U_{ijt} 为贸易非效率项，服从半正态分布或者截尾正态分布。

当 $U_{ijt}=0$ 时，随机前沿引力模型如下：

$$Y_{ijt}^{*}=f\ (\ x_{ijt}\ ;\ \beta)\ \exp\ (V_{ijt}) \tag{4}$$

$$TE_{ijt}=\frac{Y_{ijt}}{Y_{ijt}^{*}}=\exp\ (-U_{ijt}),\ TE_{ijt}\in[0,\ 1] \tag{5}$$

式中，Y_{ijt}^{*} 为贸易潜力，是主观贸易因素不存在时能够实现的最大贸易量。TE_{ijt} 表示实际贸易量与贸易潜力的比值，当 $U_{ijt}=0$ 时，实际贸易量与最大贸易量相等，$TE_{ijt}=1$；当 $U_{ijt}>0$ 时，贸易非效率存在，所以 $TE_{ijt}<1$，贸易存在进一步拓展的空间。

时变模型表达式如下：

$$U_{ijt}=\{\exp[-\eta\ (t-T)\ ]\}U_{ij},\ t\in\xi\ (i)\ ;\ i=1,\ 2,\ \cdots,\ N \tag{6}$$

式中，U_{ijt} 表示服从截尾正态分布；η 表示待估计的参数，$\eta>0$ 表示贸易非效率项随时间递减，$\eta=0$ 表示贸易非效率项不随时间变化，$\eta<0$ 表示贸易非效率项随时间递增；ξ (i) 为样本国家在时间 T 内的与时间相关的观测值。

2. 贸易非效率项

分析贸易效率影响因素有一步法和两步法两种方法。早期多采用"两步法"进行研究，但是其假设前后矛盾，因而目前普遍采用"一步法"进行研究，将影响贸易非效率的因素纳入随机前沿引力模型，公式如下：

$$U_{ijt}=\alpha Z_{ijt}+\varepsilon_{ijt} \tag{7}$$

式中，Z_{ijt} 表示影响贸易非效率的因素，α 表示待估计参数，ε_{ijt} 表示随机误差项，服从正态分布。将式（7）代入式（3）中，得到公式如下：

$$\ln Y_{ijt}=\ln f\ (\ x_{ijt}\ ;\ \beta)\ +V_{ijt}-\ (\alpha Z_{ijt}+\varepsilon_{ijt}) \tag{8}$$

（二）模型的设定与数据来源

1. 模型的设定

本文借鉴 Armstrong（2007）选取变量的方法，短期甚至中期不变的因素为自然因素，如经济规模、共同语言、地理距离、共同边界等，将人为因素放入非效率项中。构建随机前沿贸易引力模型，具体表达式如下：

$$\ln T_{ijt}=\beta_0+\beta_1\ln GDP_{it}+\beta_2\ln GDP_{jt}+\beta_3\ln POP_{it}+\beta_4\ln POP_{jt}+\beta_5\ln DIS_{ij}+\beta_6 BOR_{ij}+\beta_7 LAN_{ij}+V_{ijt}-U_{ijt} \tag{9}$$

式中，T_{ijt} 表示在第 t 年中国与 j 国的粮食贸易总额；GDP_{it} 和 GDP_{jt} 分别表示中国和贸易伙伴国的经济规模；POP_{it} 和 POP_{jt} 分别表示中国和贸易伙伴国的人口总量；DIS_{ij} 表示中国和贸易伙伴国的首都之间的距离；BOR_{ij} 和 LAN_{ij} 分别表示两国是否有共同边界和是否有共同语言。是否有共同边界采用虚拟变量，如果贸易伙伴国与中国有陆地交界则取值为 1，否则为 0。是否有共同语言也采用虚拟变量，如果有则取值为 1，否则为 0。

贸易非效率项方程如下：

$$U_{ijt}=\alpha_0+\alpha_1\ln CO_{2it}+\alpha_2\ln CO_{2jt}+\alpha_3\ln INS_{ijt}+\alpha_4 ROAD_{ijt}+\alpha_5\ln MON_{jt}+\alpha_6\ln TRA_{jt}+\alpha_7\ln FIN_{jt}+\varepsilon_{ijt} \tag{10}$$

式中，CO_{2it} 和 CO_{2jt} 分别表示中国和贸易伙伴国二氧化碳排放量；$ROAD_{ijt}$ 表示中国与贸易伙伴国是否同时加入"一带一路"国家；MON_{jt}、TRA_{jt}、FIN_{jt} 分别表示 t 时期粮食出口国的货币自由度、贸易自由度和金融自由度；INS_{ijt} 表示制度距离，反映了不同国家制度的差异，参考万伦来（2014）的方法，根据世界银行发布的全球治理指数，将制度距离从话语权和问责制、政治稳定和无暴力及恐怖主义、政府效率、质量监管、法治、控制贪污 6 个维度进行分类，根据如下公式测算：

$$INS_{ijt} = \sqrt{\sum_{k=1}^{6} \left(I_{kit} - I_{kjt} \right)^2} \tag{11}$$

式中，I_{kit} 和 I_{kjt} 分别表示 t 时期中国和 j 国在维度 k 上的得分。

2. 样本与数据来源

本文样本选择期为 1996~2019 年，粮食品种包括小麦、玉米、稻谷和大豆。粮食贸易额、各国 GDP 和人口数据、制度距离等维度数据、二氧化碳排放量数据均来源于世界银行数据库（World Bank Open Data），其中，GDP 为 2015 年不变价美元数据以消除通货膨胀的影响；地理距离、是否有共同边界和共同语言数据来源于法国国际经济研究中心数据库（CEPII）；是否加入"一带一路"数据来源于中国"一带一路"网；货币自由度、贸易自由度和金融自由度数据来源于美国传统基金会和华尔街日报发布的经济自由度指数。本文进行研究时，删除与中国粮食贸易数据较少的国家，最终选择样本为 73 个国家，分别为巴西、美国、阿根廷、加拿大、乌克兰、乌拉圭、俄罗斯、泰国、巴基斯坦、缅甸、韩国、哈萨克斯坦、柬埔寨、埃及、法国、土耳其、老挝、科特迪瓦、利比亚、澳大利亚、日本、立陶宛、巴布亚新几内亚、塞拉利昂、马达加斯加、叙利亚、蒙古、几内亚、津巴布韦、保加利亚、贝宁、菲律宾、莫桑比克、荷兰、越南、几内亚比绍、肯尼亚、丹麦、黎巴嫩、也门、埃塞俄比亚、南非、约旦、孟加拉国、德国、意大利、英国、马来西亚、智利、西班牙、秘鲁、以色列、印度、阿拉伯联合酋长国、新加坡、卡塔尔、新西兰、尼泊尔、印度尼西亚、科威特、沙特阿拉伯、伊朗（伊斯兰共和国）、坦桑尼亚、比利时、阿尔及利亚、吉尔吉斯斯坦、葡萄牙、墨西哥、古巴、捷克、斯里兰卡、尼日利亚、塔吉克斯坦。

（三）实证分析

1. 模型的适用性检验

本文使用 Frontier 4.1 软件对中国与贸易伙伴国的粮食贸易效率及潜力进行分析，并对中国粮食贸易影响因素进行深入研究。在进行贸易随机前沿引力模型分析时，需要进行适用性检验。分别进行贸易非效率项的存在性与时变性、地理距离的引入性、共同边界和共同语言的引入性等 5 项检验。结果如表 2 所示，通过检验发现本研究模型中存在贸易非效率项；应该选择时变模型；模型中包含地理距离、共同边界和共同语言变量。

表 2　随机前沿引力模型适用性检验结果

原假设	约束模型	非约束模型	LR 统计量	1% 临界值	检验结论
不存在贸易非效率项	−4942.60	−4525.83	833.53	11.34	拒绝
贸易非效率项不随时间变化	−4942.60	−4525.27	834.66	9.21	拒绝

续表

原假设	约束模型	非约束模型	LR 统计量	1%临界值	检验结论
不引入地理距离变量	−4949.48	−4525.93	847.10	11.34	拒绝
不引入共同边界变量	−4949.73	−4525.79	847.86	11.34	拒绝
不引入共同语言变量	−4942.67	−4526.30	832.74	11.34	拒绝

2. 时变随机前沿引力模型估计结果

表 3 为时变随机前沿引力模型的估计结果，可以看到模型中 γ 值为 0.65，并通过了 1%显著性水平检验，表明贸易非效率项的影响因素较为重要，需要在研究中予以考虑。模型中 η 在 5%水平显著为负，表明采用时变随机前沿引力模型分析粮食贸易效率是比较合理的。

表 3　时变随机前沿引力模型估计结果

变量	系数	t 值
常数项	−1871.96 ***	−1873.89
$lnGDP_{it}$	−4.69 ***	−13.58
$lnGDP_{jt}$	0.51 **	2.09
$lnPOP_{it}$	95.48 ***	205.48
$lnPOP_{jt}$	0.35	1.20
$lnDIS_{ij}$	−0.09	−0.31
BOR_{ij}	−0.46	−0.43
LAN_{ij}	2.86 *	1.75
σ^2	25.18 ***	9.17
γ	0.65 ***	22.05
η	−0.009 **	−2.45
对数似然值	−4525.83	
LR 检验	833.53	

注：*、**、***分别表示在 10%、5%和 1%水平显著。

估计结果表明：①中国的经济规模（$lnGDP_{it}$）在 1%水平显著为负，表明中国经济规模的扩大对粮食贸易发展产生了负向影响。②贸易伙伴国的经济规模（$lnGDP_{jt}$）在 5%水平显著为正，表明随着贸易伙伴国经济规模的扩大，中国与其粮食贸易水平显著提升。③中国人口规模（$lnPOP_{it}$）和贸易伙伴国人口规模（$lnPOP_{jt}$）对粮食贸易都起到了正向的作用，中国人口规模对粮食贸易起到了显著的正向影响，贸易伙伴国人口规模对粮食贸易的正向影响不显著。表明中国人口规模的增加对粮食贸易有显著的促进作用。④地理距离（$lnDIS_{ij}$）和共同边界（BOR_{ij}）对中国与贸易伙伴国的粮食贸易都产生负向影响，但不显著，表明随着交通设施水平的发展与完善，地理距离和共同边界对粮食贸易的影响正在逐渐减弱。⑤共同语言（LAN_{ij}）在模型中显著为正，表明拥有共同语言可以显著促进中国与贸易伙伴国的粮食贸易发展。

3. 贸易非效率模型

在通过适用性检验后，进一步分析粮食贸易非效率项的影响因素。本文进行了多重共线性检验，结果显示贸易非效率项的影响因素不存在多重共线性现象。

表 4 为贸易非效率模型的回归结果，可以看到模型的 γ 值为 0.96，并且在 1% 水平显著，LR 值达到 77.90，表明中国与贸易伙伴国的粮食贸易中普遍存在非效率，同时进一步表明本研究对随机前沿引力模型的设定是合理的。

表 4 贸易非效率模型回归结果

随机前沿函数			贸易非效率项函数		
变量	系数	T 值	变量	系数	T 值
常数项	−1874.82***	−1877.11	常数项	1.22	1.15
$LnGDP_{it}$	−5.81	−34.88	$lnCO_{2it}$	1.71***	2.63
$lnGDP_{jt}$	0.78***	8.57	$lnCO_{2jt}$	1.18***	14.35
$lnPOP_{it}$	96.13***	311.83	$lnINS_{ijt}$	−0.49**	−2.41
$lnPOP_{jt}$	0.18*	1.78	$ROAD_{ijt}$	0.17	0.22
$lnDIS_{ij}$	−0.79***	−3.81	$lnMON_{jt}$	0.49	0.97
BOR_{ij}	1.29***	3.70	$lnTRA_{jt}$	−0.52***	−7.69
LAN_{ij}	−0.38	−0.38	$lnFIN_{jt}$	−1.51***	−3.95
σ^2	16.28***	32.26	γ	0.96***	46.22
对数似然值	−4642.50		LR 检验	77.90	

注：*、**、***分别表示在 10%、5% 和 1% 水平显著。

中国碳排放水平（$lnCO_{2it}$）、贸易伙伴国碳排放水平（$lnCO_{2jt}$）、是否加入"一带一路"（$ROAD_{ijt}$）、货币自由度（$lnMON_{jt}$）对贸易非效率项有正向的影响。其中，中国碳排放水平在 1% 水平显著为正，表明中国碳排放水平越高，对于中国粮食贸易发展的阻碍作用越大；贸易伙伴国碳排放水平在非效率模型中显著为正，显著性水平为 1%。表明贸易伙伴国碳排放水平越高越不利于中国与其粮食贸易发展；是否加入"一带一路"对贸易非效率项的影响为正，但是不显著，表明加入"一带一路"并没有显著促进粮食贸易的发展；货币自由度在模型中的系数为正，但是不显著，表明货币自由度对于粮食贸易的影响是负向的，但是作用并不显著。

制度距离（$lnINS_{ijt}$）、贸易自由度（$lnTRA_{jt}$）和金融自由度（$lnFIN_{jt}$）对贸易非效率项有负向的影响。其中，制度距离在贸易非效率项中的影响显著为负，说明制度距离对粮食贸易有显著的促进作用；贸易自由度在模型中的系数在 1% 水平显著为负，表明贸易自由度对粮食贸易有显著的促进作用；金融自由度对贸易非效率项的影响显著为负，则说明金融自由度的增强也可以显著促进粮食贸易的发展。

4. 贸易效率分析与贸易潜力测算

为比较 1996~2019 年中国与各国粮食贸易效率的差异，本研究测算出在此期间中国与各国粮食贸易效率平均值（见表5）。总体来看，中国与各国粮食贸易效率的均值大于0.5。均值最大的国家为莫桑比克，贸易效率均值为0.9059，均值在0.5以上的国家有63个。均值在0.1~0.5的国家有10个，表明这些国家贸易效率存在较大提升空间。

表5 1996~2019 年中国与各国粮食贸易效率平均值

国家	贸易效率	国家	贸易效率	国家	贸易效率	国家	贸易效率
阿尔及利亚	0.5703	几内亚比绍	0.8339	莫桑比克	0.9059	叙利亚	0.4383
阿根廷	0.6809	印度	0.7344	缅甸	0.8050	塔吉克斯坦	0.8226
澳大利亚	0.6592	印度尼西亚	0.7596	尼泊尔	0.8493	泰国	0.7268
孟加拉国	0.8055	伊朗	0.1684	荷兰	0.7109	土耳其	0.6843
比利时	0.6779	以色列	0.6217	新西兰	0.7333	乌克兰	0.5840
贝宁	0.8514	意大利	0.6584	尼日利亚	0.8094	阿联酋	0.3220
巴西	0.7930	日本	0.5999	巴基斯坦	0.8081	英国	0.7338
保加利亚	0.6763	约旦	0.7280	巴布亚新几内亚	0.7987	坦桑尼亚	0.8915
柬埔寨	0.8408	哈萨克斯坦	0.4266	秘鲁	0.8057	美国	0.5233
加拿大	0.6452	科尼亚	0.8637	菲律宾	0.8185	乌拉圭	0.7727
智利	0.7560	科威特	0.2913	葡萄牙	0.6935	越南	0.6802
科特迪瓦	0.8617	吉尔吉斯斯坦	0.7886	卡塔尔	0.1647	也门	0.7870
古巴	0.3454	老挝	0.7297	韩国	0.6077	津巴布韦	0.7238
捷克	0.6477	黎巴嫩	0.7012	俄罗斯	0.3785		
丹麦	0.7216	利比亚	0.2141	沙特阿拉伯	0.2822		
埃及	0.6679	立陶宛	0.7590	塞拉利昂	0.8825		
埃塞俄比亚	0.8655	马达加斯加	0.8912	新加坡	0.6800		
法国	0.7183	马来西亚	0.5796	南非	0.8342		
德国	0.6396	墨西哥	0.6779	西班牙	0.7169		
几内亚	0.8761	蒙古	0.6887	斯里兰卡	0.8007		

资料来源：由软件 Frontier 4.1 计算整理得出。

为进一步分析中国与各贸易伙伴国粮食贸易效率的变化趋势，本文计算了1996~2019年粮食贸易效率的年均值（见表6）。可以看到，粮食贸易效率年均值呈现先下降再稳定再逐步下降的趋势，2005~2009年比较稳定，其余年份均呈下降的趋势。表明随着外部经济形势与环境发生的巨大变化，中国粮食贸易效率不断下降，粮食贸易潜力逐渐扩大。

表6 1996~2019 年中国粮食贸易效率年均值

年份	贸易效率年均值	年份	贸易效率年均值	年份	贸易效率年均值
1996	0.7808	2004	0.6952	2012	0.6213
1997	0.7876	2005	0.6751	2013	0.6164
1998	0.7863	2006	0.6856	2014	0.6165

续表

年份	贸易效率年均值	年份	贸易效率年均值	年份	贸易效率年均值
1999	0.7841	2007	0.6705	2015	0.6139
2000	0.7701	2008	0.6677	2016	0.6139
2001	0.7567	2009	0.6713	2017	0.6057
2002	0.7498	2010	0.6517	2018	0.5943
2003	0.7303	2011	0.6286	2019	0.5968

资料来源：由软件 Frontier 4.1 计算整理得出。

接下来，根据公式：贸易潜力＝贸易额/贸易效率，计算了 2019 年中国与各贸易伙伴国的粮食贸易潜力，并按照从大到小的顺序进行排列（见表 7）。

表 7　2019 年中国粮食贸易潜力

排序	国家	贸易潜力	排序	国家	贸易潜力	排序	国家	贸易潜力
1	巴西	290.9793	26	叙利亚	0.3111	51	秘鲁	0.0098
2	美国	130.8968	27	蒙古	0.2460	52	以色列	0.0076
3	阿根廷	52.5804	28	几内亚	0.2070	53	印度	0.0072
4	加拿大	25.8520	29	津巴布韦	0.1422	54	阿拉伯联合酋长国	0.0063
5	乌克兰	15.5484	30	保加利亚	0.1368	55	新加坡	0.0056
6	乌拉圭	10.5763	31	贝宁	0.1338	56	卡塔尔	0.0046
7	俄罗斯	6.8811	32	菲律宾	0.1298	57	新西兰	0.0046
8	泰国	4.7602	33	莫桑比克	0.1290	58	尼泊尔	0.0038
9	巴基斯坦	3.3761	34	荷兰	0.1262	59	印度尼西亚	0.0035
10	缅甸	2.9248	35	越南	0.1095	60	科威特	0.0035
11	韩国	2.4646	36	几内亚比绍	0.1090	61	沙特阿拉伯	0.0030
12	哈萨克斯坦	2.2910	37	肯尼亚	0.0839	62	伊朗	0.0010
13	柬埔寨	2.0402	38	丹麦	0.0810	63	坦桑尼亚	0.0009
14	埃及	1.9835	39	黎巴嫩	0.0662	64	比利时	0.0007
15	法国	1.8308	40	也门	0.0443	65	阿尔及利亚	0.0005
16	土耳其	1.0659	41	埃塞俄比亚	0.0418	66	吉尔吉斯斯坦	0.0004
17	老挝	1.0312	42	南非	0.0410	67	葡萄牙	0.0003
18	科特迪瓦	0.9828	43	约旦	0.0396	68	墨西哥	0.0000
19	利比亚	0.9218	44	孟加拉国	0.0371	69	古巴	0.0000
20	澳大利亚	0.8541	45	德国	0.0299	70	捷克	0.0000
21	日本	0.7782	46	意大利	0.0248	71	斯里兰卡	0.0000
22	立陶宛	0.7221	47	英国	0.0226	72	尼日利亚	0.0000
23	巴布亚新几内亚	0.5522	48	马来西亚	0.0160	73	塔吉克斯坦	0.0000
24	塞拉利昂	0.4382	49	智利	0.0131			
25	马达加斯加	0.3136	50	西班牙	0.0109			

资料来源：由软件 Frontier 4.1 计算整理得出。

表 7 的测算结果显示，与中国进行粮食贸易潜力较大的国家主要有巴西、美国、阿根廷、加拿大、乌克兰、乌拉圭等国，而与墨西哥、古巴、捷克、斯里兰卡、尼日利亚、塔吉克斯坦等国的贸易潜力较小，主要是因为这些国家在 2019 年并没有与中国进行粮食贸易。经测算，2019 年中国粮食贸易平均效率为 0.5968，总贸易额为 393.9129 亿美元，贸易潜力为 660.1523 亿美元，说明消除贸易障碍能够在很大程度上提升粮食贸易水平。

五、结论及建议

本文首先测算了中国粮食 RCA 指数值，然后基于 1996~2019 年中国粮食贸易数据，采用时变随机前沿引力模型对贸易效率进行了测算，分析了粮食贸易效率的影响因素，并进一步对粮食贸易潜力进行研究。

（一）结论

第一，1992~2021 年，中国粮食贸易显性比较优势指数呈现下降趋势，表明中国粮食出口在国际贸易中的竞争力较弱，处于比较劣势的地位。

第二，1996~2019 年，中国粮食贸易效率整体呈现下降趋势，表明中国粮食贸易发展的潜力逐步增大，也说明中国粮食贸易阻力也在加大。

第三，在影响中国与贸易伙伴国进行粮食贸易的因素中，中国经济规模的扩大会阻碍粮食贸易发展，相反，贸易伙伴国经济规模的扩大能够显著促进中国与其的粮食贸易。

中国和贸易伙伴国人口规模的扩大均能促进粮食贸易的发展，特别是中国人口规模扩大的促进作用更显著。地理距离和共同边界对粮食贸易的影响并不显著，表明随着基础交通设施的发展与完善，距离对粮食贸易的影响作用在逐渐减弱，已不是主要影响因素。共同语言对粮食贸易起到显著的促进作用。在贸易非效率模型中，中国和贸易伙伴国碳排放水平的提高显著阻碍了粮食贸易的发展，制度距离、贸易自由度和金融自由度对粮食贸易有显著的促进作用，是否加入"一带一路"和货币自由度对粮食贸易的影响不显著。

第四，研究期间，中国粮食贸易效率的均值呈逐渐下降趋势，表明中国粮食贸易阻力逐渐增大，同时贸易潜力也在逐渐增大，特别是巴西、美国、阿根廷、加拿大、乌克兰、乌拉圭等国，中国与其之间存在较大的粮食贸易潜力。

（二）建议

基于以上研究结论，本文提出以下四个建议：

第一，积极推动中国碳减排措施，减少碳排放量，争取早日实现"双碳"目标，并呼吁国际间通力合作，提高减排意识，这不仅有利于环境保护，也有利于中国与贸易伙伴国的粮食贸易发展，确保国家粮食安全。

第二，进一步增强国际间粮食贸易合作，建立良好的外部环境，特别是贸易潜力巨大的国家如巴西、美国、加拿大、乌克兰和乌拉圭等国，积极寻找合作机会，打破贸易壁垒，逐步提高贸易效率。

第三，加强贸易政策沟通，由于制度距离对粮食贸易有显著的促进作用，无论是粮食进口或是出口，贸易伙伴国的制度因素必须考虑，否则可能带来不利的影响。因此，需要加强贸易政策沟通，以促进合作共赢。

第四，提升贸易自由度和金融自由度，提高市场化水平，构建贸易自由开放的环境体制，提高粮食贸易相关的金融服务水平，建设与粮食贸易相关的投资银行，拓宽融资渠道，为粮食贸易发展提供更加完善的投融资体系。

参考文献

［1］胡国良，黄子坤．绿色贸易壁垒对中国与中亚五国农产品贸易的影响与对策［J］．科技与金融，2022（4）：89-93.

［2］高茜，王思文．不同碳达峰对中美农产品贸易的影响研究［J］．安徽理工大学学报（社会科学版），2022，24（2）：17-24.

［3］Meeusen W，Van Dennis B．Efficiency Estimation from Cobb Douglas Production Functions with Composed［J］．International Economic Review，1997，18（2）：435-444.

［4］Dennis A，Knox L，Peter S．Formulation and Estimation of Stochastic Frontier Production Function Models［J］．Journal of Economics，1977，6（1）：21-37.

［5］曹芳芳，张静，李先德．贸易制度安排对中国农产品出口"一带一路"沿线国家贸易效率的影响［J］．中国流通经济，2022，36（4）：67-78.

［6］程云洁，刘娴．中国与 RCEP 国家农产品进口贸易效率及潜力研究［J］．中国农业资源与区划，2022，43（9）：252-262.

［7］高江涛，李红，邵金鸣等．中俄粮食资源走廊建设：潜力及影响因素分析［J］．贵州财经大学学报，2021（1）：22-29.

［8］李豫新，孙培蕾．丝绸之路经济带核心区农产品贸易潜力研究［J］．江西财经大学学报，2017（6）：87-96.

［9］柴桦．"一带一路"倡议对我国农产品外贸的影响：基于随机前沿引力模型的实证研究［J］．经济研究导刊，2018（6）：169-174.

［10］韩冬，李光泗，钟钰．中国与"一带一路"沿线国家粮食竞争比较及粮食贸易影响因素研究［J］．江西财经大学学报，2020，130（4）：76-92.

［11］李月娥，张吉国．中国农产品贸易效率及潜力研究［J］．统计与决策，2021，37（11）：112-116.

［12］党琳静，赵景峰．中国对"一带一路"沿线农产品出口的贸易效率与潜力预测［J］．西北农林科技大学学报（社会科学版），2020，20（1）：128-136.

［13］韩啸，齐皓天，王兴华．"一带一路"贸易便利化对中国农产品贸易影响研究——基于随机前沿引力模型［J］．华南理工大学学报（社会科学版），2016，18（5）：9-16.

［14］王瑞，王永龙．我国与"丝绸之路经济带"沿线国家农产品进口贸易研究［J］．经济学家，2017（4）：97-104.

［15］Armstrong S．Measuring Trade and Trade Potential：A Survey［R］．Crawford School Asia Pacific Economic Paper，2007.

［16］万伦来，高翔．文化、地理与制度三重距离对中国进出口贸易的影响［J］．国际经贸探索，2014，30（5）：39-48.

Study on the Efficiency and Potential of Grain Tradeof China Under the Background of Carbon Emission Reduction

ZHANG Zhongfang[1]　　HOU Lijun[2]

(1. *School of Food and Materials, Nanjing University of Finance and Economics, Nanjing Jiangsu*, 210003, *China*; 2. *College of Business and Administration, Nanjing University of Finance and Economics, Nanjing Jiangsu*, 210003, *China*)

Abstract: This paper analyzes the current situation of grain trade in China in the context of the international carbon emission reduction. Based on China's grain trade data from 1996 to 2019, this paper firstly uses China's grain trade data to calculate the comparative advantage index of China's grain trade, then builds a stochastic frontier gravity model to measure China's grain trade efficiency, and analyzes its influencing factors. In addition, this paper estimates the potential of China's grain trade in 2019 to provide direction for further development of grain trade. The results showed that the comparative advantage index of China's grain trade was low and showed a downward trend. The mean value of grain trade efficiency also showed a downward trend during the study period. Among the influencing factors, economic scale of trading partner countries, population of China and partner countries, common language, institutional distance, trade freedom and financial freedom significantly promoted the effective development of grain trade, while China's economic scale, carbon emissions of China and trade partner countries significantly hindered the development of grain trade. Therefore, China should vigorously promote carbon reduction measures, strengthen trade cooperation, promote policy interoperability, improve trade and financial freedom, so as to improve the efficiency of grain trade.

Key Words: Carbon Emission Reduction; Comparative Advantage Index; Stochastic Frontier Gravity Model; Grain Trade

恐慌是否刺激了农产品期货投机?
——来自 CBOT 小麦期货数据的验证[①]

赵璐璐　邵凯超　金美琳

（南京财经大学 粮食和物资学院，江苏 南京，210003）

摘　要： 本文基于 2000~2021 年 VIX 指数以及 CBOT 小麦期货持仓数据，运用协整检验与小波变换模型，从流动性与持仓量两个角度分析恐慌情绪对 CBOT 小麦期货投机行为的影响。研究显示：在趋势层面，套期保值者更趋向于基于历史数据进行判断操作，而投机者则相反；在波动层面，套期保值者依据恐慌的冲击程度进行较小幅度调整，而投机者则倾向放大市场恐慌程度，进而提高投机频率。基于本文的研究，提出应建立完善的金融市场信息披露机制以及重大突发事件的应急机制。

关键词： 恐慌；小麦期货；投机；小波变换

一、引言

市场情绪是影响市场走向的重要因素，而恐慌情绪的蔓延将导致市场产生巨大波动，加剧金融市场不确定风险（刘思跃和梁鉴标，2016）。从 16 世纪中期的荷兰郁金香狂热，再到美国 1927 年和 1987 年股市大崩盘以及 2008 年的次贷危机引发的全球性金融危机，投资者情绪都经历了由高涨到恐慌的转变过程，投资者情绪高涨将推动市场价格泡沫形成，而投资者恐慌则将刺破泡沫。可以发现，市场情绪对金融市场的价格波动具有推波助澜的效果。恐慌情绪作为反映金融市场风险和投资者恐慌度的指标，导致市场稳定性增加，对经济和社会产生强烈的负面冲击，同时也刺激了投机行为的产生。

随着全球经济一体化的推进，国际大宗商品市场与金融市场的联动愈发紧密。大宗商品作为一项投资类别，依靠套期保值和风险对冲的优势，吸引了众多投资者的青睐，并将其视为资产投资组合配置的重要部分（胡聪慧和刘学良，2017）。在经济下行时期，黄金和贵金属被视为安全的资产，进而大宗商品受到诸多投资者青睐，这进一步驱动大宗商品市场金融化发展。但面对国际游资和对冲资金的投机需求，也导致大宗商品市场风险增加（韩立岩和尹力博，2012）。农产品期货作为世界上最早上市的期货品种，在保障粮食价格稳定和粮食安全方面具有重要作用，但同时也是国际游资和对冲资金重点投机的对象。例如，2020 年的新冠疫情给世界经济带来了巨大的冲击，经济震荡不定，下行压力明显，蔓

[①] 收稿日期：2023-02-24。

延的恐慌情绪引发了全球金融市场的剧烈波动（佟家栋等，2020），国际投资资本利用各国疫情防控导致的粮食物流中断或出口国出口限制等，借助舆论诱导、恶化预期来制造市场恐慌，伺机对农产品市场进行炒作，导致农产品价格持续上涨，获得超额利润（李先德等，2020）。基于以上分析可知，放大市场恐慌是国际资本进行炒作投资的重要手段，那么恐慌是否真的会促进农产品期货市场产生投机行为？其内在作用逻辑是什么？尚需实践证据。围绕以上问题，本文基于 2000～2021 年 VIX 指数和 CBOT 小麦期货持仓数据测算了 CBOT 小麦期货市场投机指数，并通过建立小波转化模型，分析了市场恐慌与农产品期货市场投机行为的关系及影响。

本文的创新点在于以下两个：一是研究方法的创新，以往对农产品期货投机行为的研究主要采用格兰杰因果检验的方法，既没有考虑期货指数的影响因素在不同时域的突变波动，也没有考虑在不同频率上协整关系的变动，检验结果是脆弱的。本文采用正交小波构造的多辩分析法，即能捕捉频域部分数据的变化，又能考虑到时域上的数据突变的情况，弥补了传统方法的不足。二是研究视角的创新，情绪作为影响市场变化的重要因素，在以往的研究中，学者多关注投资者情绪对非理性交易或者短期流动性影响的研究，较少从宏观视角分析市场情绪对金融市场的冲击，而针对农产品金融市场则少之又少。基于以上分析，本文借鉴信号学中的小波变换模型以及使用协整检验模型，通过分析 VIX 指数对农产品期货市场的冲击，为研究农产品期货投机行为开拓了新的研究视角。

二、文献综述与研究假设

（一）文献综述

学界对恐慌的研究主要集中在两个方面：一是恐慌起源与分类。斯蒂芬·韦恩斯（2010）按照恐慌的成因和特征认为恐慌的类型可以分为四类：第一类为假恐慌，即没有实质影响的事件所造成的恐慌；第二类为泡沫破裂恐慌，即自发或经济周期萧条造成的恐慌；第三类为传染性恐慌，即由传染所导致的恐慌；第四类为真恐慌，即由经济衰退或突发事件等实质性消息所引起的恐慌。二是恐慌传导路径与效应的研究，可以分为三类：第一类效应为"羊群效应"，即初始突发的风险引起的整个市场系统性恐慌（王聪和张铁强，2011）。第二类效应为"多米诺骨牌效应"，即风险会传导（易宪容和王国刚，2010）。第三类效应为耦合效应，即不同市场直接或间接的关联传导（雷良海和魏遥，2009）。

投机性交易是期货市场的重要行为，适度的投机具有活跃市场、增强股票的流动性、价格发现等功能。但是过度的投机会损害市场效率、增加期货的异常波动频率与程度、加剧市场泡沫化等。学者对农产品期货投机的研究持有两种观点：一是农产品期货市场投机行为受限于套期保值压力，投机行为对农产品期货价格影响较小或忽略不计。Peck（1979）基于美国小麦、玉米和小麦市场的特点，发现农产品期货市场相对投机水平较低。二是农产品期货投机行为影响了农产品期货市场的走势（安毅和宫雨，2014）。随着商品期货交易制度的完善、交易品种的增加、衍生品不断丰富等，将刺激个人和机构通过场外交易（OTC）掉期、交易所交易基金（ETF）以及交易所交易票据（ETNs）对商品期货进行"投资"，且由于商品期货投资组合的回报与股票投资组合的回报差距逐渐减小，诱导了期货金融参与者逐渐转向农产品期货投机性交易活动中，因此投机行为越来越能影响农产品期货市场的动向。

市场情绪对农产品期货指数的走向具有重要影响，而恐慌作为市场情绪的重要组成部分，对金融市场的冲击是一个持续的动态过程。市场恐慌导致投资者情绪波动以及非理性行为，引致金融市场波动加剧、成交量放大。杨阳（2010）基于玉米期货市场发现，我国玉米期货市场套期保值和投机情绪具有很强的正相关性，套期保值者与投机者的情绪变化越大，市场收益越高。石泽楠和董玲（2018）发现我国玉米期货价格与市场情绪呈正向关系，而现货价格与市场情绪之间产生负向效应。郑晓宏和杨文静（2017）基于我国玉米现货、期货价格数据发现，其与投资者情绪间存在显著的非线性关系。

已有的文献对恐慌情绪与农产品期货投机行为进行了丰富的研究，但依旧存在一些值得推进的地方。一是已有文献对市场情绪的量化存在争议，单纯地用市场波动、成交量等指标衡量市场情绪是不能等同投资者情绪的；二是现有的投机指数虽然衡量了投机水平相对于市场上的套期保值水平的变动程度，但无法对金融的流动做出好的解释；三是恐慌情绪与农产品投机行为之间的关系依旧存在较大的争议；四是研究方法比较单一，对期货投机行为的研究主要采用格兰杰因果检验，但是无法检验期货价格指数波动规律，更无法捕捉时域上数据突变的情况。

（二）研究假设

风险溢价模型认为，$F_{t,T} = S_t e^{(r-\delta)(T-t)}$，$t$、$T$ 为时间即期与远期，期货价格 $F_{t,T}$ 由现货价格 S_t、利率 r 和标的红利 δ 决定。假定市场存在恐慌情绪，恐慌情绪对利率 r 和标的红利 δ 均存在冲击，恐慌情绪对市场影响范围越大、影响程度越深，利率 r 的涨幅越大，而标的红利 δ 波动则越大。r 和 δ 的波动为投机行为提供了发生条件。即市场恐慌情绪会使农产品期货市场波动增加、成交量放大，促进了农产品期货市场投机行为。基于此，提出如下假设：

假设 1：短期内，恐慌情绪会增加农产品期货市场的投机行为。

短期来看，在突发性事件发生时，市场恐慌将会导致农产品期货市场投机行为的产生，但随着时间的推移，这种影响将会逐渐减弱。长期来看，由于人类对农产品具有需求刚性，以及生产的相对稳定性，使农产品现货价格比较稳定。按照风险溢价模型的设定，期货价格由现货价格、利率和标的红利决定。因此，长期而言，当现货价格稳定时，r 和 δ 对期货价格的冲击是有限的。基于此，提出如下假设：

假设 2：长期来看，恐慌情绪对农产品期货投机行为的产生作用有限。

期货市场投机行为会使市场成交量和波动增加，而期货市场价格波动也将导致现货市场价格产生波动。按照风险溢价模型的设定，当期货价格率先变动后，如果现货价格没有及时变动，则利率 r 和标的红利 δ 均会发生变动，以适应期货市场价格的变化。如果期货市场价格变动后，现货市场价格及时变动，但是考虑到投机导致的期货价格变动幅度增大，致使现货市场价格即使及时变动也需要 r 和 δ 辅助变动，以适应期货价格的形成。因此，可以得出投机造成的期货价格波动会反过来影响市场 r 和 δ，r 和 δ 的变动会放大市场恐慌。基于此，提出如下假设：

假设 3：投机行为反过来会放大恐慌。

三、研究方法与数据处理

(一) 研究方法

现有关于农产品期货市场投机行为多采用时间序列的格兰杰因果检验，未将期货价格进行不同频域和时域的拆分，但由于市场价格受到多种因素影响，且这些因素具有不同的波动规律，其趋势性、季节性和周期性都影响价格在不同频域的变化，格兰杰因果检验则无法对这些因素进行剥离，导致检验结果较为脆弱，结论未达成一致。因此，对期货价格进行信息分解将会弥补以上不足，使研究结果更加客观、可信。在信号学中，为达到消除原始信号的冗余成分以及过滤混杂噪声的目的，信号分解变换算法应运而生。其中，较为经典的是傅里叶变换，而小波变换是在傅里叶变换的基础上进行了时域分析的改进。用小波变换分析期货价格不同频域和时域的波动规律，不仅规避了格兰杰因果检验的缺点，而且还可以探索期货价格指数的波动规律。

小波变换将原本傅里叶变换 $F(w) = \int_{-\infty}^{\infty} f(t) \times e^{-iw} t dt$ 更换为 $WT(\alpha, \Gamma) = \int_{-\infty}^{\infty} f(t) \times \varphi\left(\frac{t-\Gamma}{\alpha}\right) dt$，将无限长的三角函数换成有限长且会衰减的小波基，不仅刻画了频域信息，还对时域信息进行描述。基于公式的形式可以发现，傅里叶变换的是变量只有频率 w，小波则包含尺度 ∂ 和平移量 Γ。尺度 ∂ 控制小波函数的伸缩，平移量 Γ 控制小波函数的平移。尺度对应于频率，平移量对应时间。小波变换对时域进行划分，将价格影响因素的非平稳变化纳入假设中，优化了提取信息的能力，提高频率分辨率，更加精细地刻画了价格数据中较小的突变波动，更加完整地还原其在不同频域和时域的表现，为后续的检验进行铺垫。基于以上分析，本文利用小波变换模型，对小麦期货价格数据进行频域和时域的分解，在此基础上进行协整关系检验恐慌对投机产生的影响。

(二) 数据处理

1. 恐慌指数 (VIX)

VIX 指数是由芝加哥期权交易所在 1990 年创造的，用以衡量标普 500 指数期权波动程度。由于 VIX 指数可以衡量市场情绪，市场也称它为恐慌指数。国内外学者对恐慌指数 (VIX) 的研究主要集中在 VIX 对市场不确定性与市场流动性的影响。Baker 等 (2016) 认为，VIX 指数可以很好地对金融市场的不确定性进行测度。张明和肖立晟 (2014) 基于面板 VAR 方差分解表明，VIX 风险指数和利率水平的变化对新兴市场经济体短期资本流动的解释能力较强。

图 1 显示，2000~2021 年 VIX 指数出现两次较大幅度的变动。第一次大幅波动为 2008 年，由于美国次贷危机引起的金融危机席卷全球，导致美国道琼斯指数暴跌，VIX 指数涨幅超过 300%，最高达到 79.13 点。第二次大幅波动为 2020 年 2~3 月。受新冠疫情的冲击，2020 年 2 月 21 日~3 月 18 日，VIX 指数振幅达到 458%，涨幅达到 389%，成交量迅速放大，最高点收于 65.54。

2. 投机指数

Working (1961) 以期货市场为基础制定了投机指数来衡量投机头寸充足率，以 "平

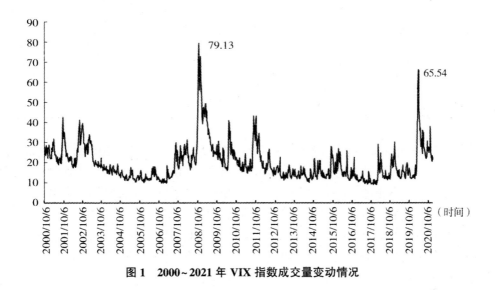

图 1   2000~2021 年 VIX 指数成交量变动情况

衡"对冲商业交易商持有的立场。随后该指数广泛应用于谷物和牲畜期货市场（田成志和邱雁，2019）。Working（1960）认为，只有当投机头寸与市场上套期保值水平相当时，投机行为才被认为是有作用的。假定期货投机指数为 T，SS 为投机空头，SL 为投机多头，HS 为套期保值空头，HL 为套期保值多头，当 HS≥HL 时，有 T = 1+SS∕（HL+HS）；当 HS<HL 时，有 T = 1+SL∕（HL+HS）。投机指数反映了投机持仓吸收长期和短期套期保值所需的最低限度，投机指数越接近 1，期货市场投机水平越低。

    为计算小麦期货投机指数，本文使用了美国商品期货委员会（CFTC）提供的 CBOT 小麦期货合约持仓报告，该报告每周二公布当期交易所期货持仓情况，并将持仓情况分为商业持仓、非商业持仓、非商业套利持仓和非报告持仓 4 类。其中商业持仓是商品供应方和需求方持有的仓位，供应方是期货市场天然空头，需求方是期货市场天然多头；非商业持仓主要为基金等机构投机持仓；非商业套利持仓主要为个人或机构投机持仓；非报告持仓是除去以上行为后的剩余持仓。通过计算得出 CBOT 在 2000~2021 年小麦期货投机指数。虽然投机指数衡量了投机持仓对套期保值的对冲情况，但是投机指数并无法衡量当期小麦期货交易流动性。为了衡量当期小麦期货市场的流动性与即期发生的投机行为，本文依照投机指数的计算方法，利用小麦期货合约持仓报告中周持仓变动测算了即期投机指数。

四、实证分析

（一）描述性统计

    表 1 显示，VIX 指数最大值为 79.13，最小值为 9.14，均值为 19.66。CBOT 小麦投机指数最大值为 1.67，最小值为 1.08，均值为 1.28，即投机头寸在吸收完套期保值不完全匹配产生的单边头寸外，平均还有 28% 的单边投机头寸。即期投机指数最大值为 17.27，最小值为 1，均值为 1.56，即投机头寸在吸收完套期保值不完全匹配产生的单边头寸外，平均还有 56% 的单边投机头寸。

表 1　描述性统计

指标	简称	均值	标准差	最小值	上四分位数	中四分位数	下四分位数	最大值
VIX 指数	VIX	19.66	9.04	9.14	13.34	17.14	23.38	79.13
投机指数	Spec	1.28	0.12	1.08	1.18	1.25	1.37	1.67
即期投机指数	S_ spec	1.56	0.89	1.00	1.15	1.34	1.68	17.27

从表 1 中 S_ spec 的均值、最大值和最小值的分布来看，波动幅度较大，表明其存在较多的异常值，进而会影响后续的检验结果，因此需对异常值进行必要的处理。由于数据本身为时序数据，不能进行简单的剔除，而应进行相应替换。本文利用异常值的前一个时间点的数据和后一个时间点的数据的平均值进行替代。

虽然表 1 描述了 VIX、Spec、S_ spec 三组数据的特点，但并无法描述三组数据的分布情况，因此本文先对三组数据经过标准化处理，使三组数据波动频率围绕 0~1 波动，然后进行高斯核函数拟合。图 2 是分析高斯核函数拟合分布图，可以发现，S_ spec 和 VIX 呈卡方分布特征，而 Spec 的曲线呈现驼峰形状分布。因此推断 VIX 与 S_ spec 存在某些时序上的相关关系，下面对三组数据进行协整检验。

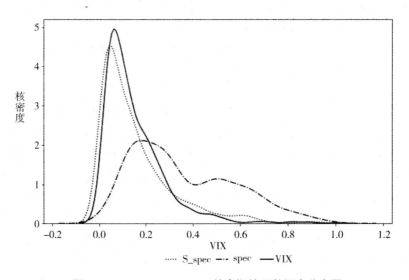

图 2　VIX、Spec、S_ spec 的高斯核函数拟合分布图

（二）协整关系检验

图 3 显示，三组数据在经过标准化处理后，波动幅度均在 0~1 的范围内。VIX 指数和投机指数波动幅度虽然很大，但是波动走势并未产生明显的周期性。即期投机指数波动幅度与波动周期都比较明显，但是也可以发现，VIX 指数与即期投机指数之间存在一定的相关性，即期投机指数每个周期的最高点总是在 VIX 指数波动最高点的附近。为进一步分析三组数据之间是否协整，下面对三组数据进行协整检验。

如表 2 所示，通过残差单位根检验数据的协整关系发现，VIX 和 Spec、S_ spec 之间

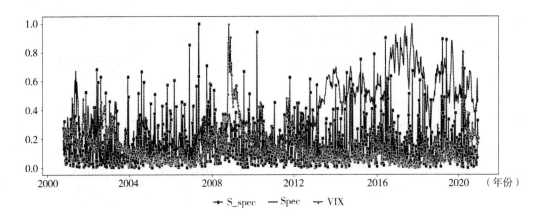

图 3　标准化后 VIX、Spec、S_ spec 折线图

是存在显著协整关系的。尽管 VIX 和 Spec、S_ spec 虽然具有各自波动规律，但 VIX 分别与 Spec 和 S_ spec 存在长期稳定关系，即 VIX 指数对 Spec 和 S_ spec 均有冲击。进一步分析三组变量，通过对数据进行标准化处理、协整检验可以发现，虽然 VIX 分别与 Spec 和 S_ spec 存在协整关系，但与 S_ spec 和 Spec 在波动规律上存在较大差别。为进一步阐明 VIX 与 Spec、S_ spec 之间在不同频域以及不同时频的相关性，下面为三组数据建立小波变换模型。

表 2　VIX 和 Spec、S_ spec 的协整关系检验

变量		S_ spec&VIX	Spec&VIX
特征值		-3.91	-4.07
p 值		0.01	0.01
显著临界值检验	0.01	-3.91	-3.91
	0.05	-3.34	-3.34
	0.1	-3.05	-3.05
结论		协整	协整

（三）小波变化结果

在对数据进行小波分解前，先对 S_ spec 和 Spec 的高频和低频数据进行 AIC 检测，结果显示，S_ spec 的参数基本都为 0，说明历史数据对其自身影响较小，也意味着其他因素对该变量的影响较大。在进行小波分解后，通过图 4 的波动趋势来看，不管是低频小波还是高频小波，VIX 和 S_ spec 都具有协整关系。即 S_ spec 的突变可能是由于 VIX 的波动导致的，从而验证了本文的假设一，即恐慌因子可能会对 S_ spec 存在一定的影响，投机者对于历史数据的关注可能较少，更多关注的是周围信息。而 Spec 的参数基本都不为 0，说明套期保值者对于历史数据的关注是较多的，结合协整检验结果推测，套期保值者会根据历史数据进行判断买卖点位，且这种判断在高频和低频数据中都是普遍存在的。换言之，恐慌因子对 Spec 可能存在影响，但是这种影响应该小于 S_ spec，即验证了本文的假设 2。Spec 和 VIX 的协整检验特征值为-4.07，而 S_ spec 和 VIX 的协整检验的特征值为 -3.91，说明 S_ spec 对于 VIX 的考量更多，对最终结果的影响可能较大，即验证了本文 假设 3。综上所述，套期保值者相较于投机者考虑问题更加全面，且受恐慌因素影响较小， 受历史数据影响较大。

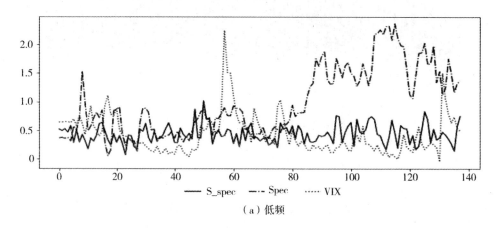

（a）低频

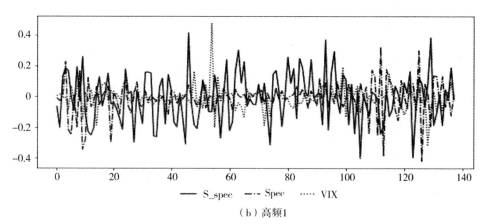

（b）高频1

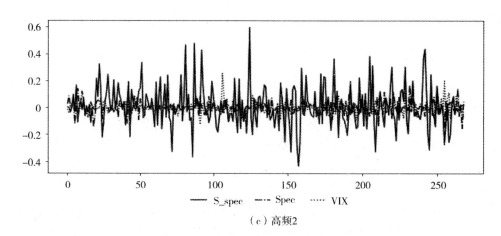

（c）高频2

图 4　小波变换结果

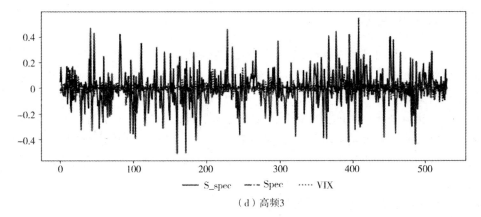

（d）高频3

图 4　小波变换结果（续图）

根据以上分析，本文利用小波变换模型（DWT）和协整检验对 VIX、Spec 和 S_ spec 内在影响机制进行分解。首先确定分解滤波层，在进行小麦期货价格小波分级时发现，四层分解中的低频数据与历史数据存在显著的线性关系，而增加或减少层数都会导致线性关系的弱化，因此确定分解层数为四层。其中第一层是低频分解，其余三层为高频分解。低频分解显示，VIX、Spec 和 S_ spec 的低频数据为 131 组，S_ spec 和 VIX 具有协整关系，而 Spce 和 VIX 不具有协整关系；第一层高频分解显示，VIX、Spec 和 S_ spec 数据为 131 组，VIX 与 Spec、S_ spec 都具有协整关系；第二层高频分解显示，VIX、Spec 和 S_ spec 数据为 259 组，VIX 和 Spec 的整体趋势较为接近，而 S_ spec 的波动则相对较大；第三层高频分解显示，VIX、Spec 和 S_ spec 数据为 534 组，VIX 和 Spec 具有协整关系。

表 3　不同频域 VIX 和 Spec、S_ spec 的协整关系检验

频域及变量		特征值	P 值	显著临界值检验			结论
				1%	5%	10%	
低频	Spec&VIX	-2.92	0.19				不协整
	S_ spec&VIX	-9.49	0.00				协整
高频 1	Spec&VIX	-4.23	0.00				协整
	S_ spec&VIX	-9.73	0.00	-3.98	-3.38	-3.08	
高频 2	Spec&VIX	-5.61	0.00				协整
	S_ spec&VIX	-10.08	0.00				
高频 3	Spec&VIX	-11.82	0.00				协整
	S_ spec&VIX	-24.18	0.00				

表 3 显示，在低频领域 S_ spec 与 VIX 指数协整，在高频领域内 Spec 与 VIX 指数协整。因此，通过小波变模型和协整检验可以得出，市场恐慌情绪刺激 CBOT 小麦期货的投机行为，而短期内投机行为又反向放大了市场恐慌情绪。

五、结论与建议

基于 2000~2021 年 VIX 指数及 CBOT 小麦持仓数据，本文从流动性与持仓量两个角度分析恐慌情绪对 CBOT 小麦投机行为的影响。实证结果说明，在趋势层面，套期保值者更趋向于基于历史数据进行判断，将恐慌因子的波动纳入考虑之中，但影响效果较小；与之对应的是，投机者则较少考虑历史数据的演变趋势，同时投机者对 VIX 的依赖程度与套期保值者相比则较高。在波动层面，套期保值者会根据恐慌的波动来进行较小幅度的调整，而投机者则倾向于利用市场恐慌情绪进行较大幅度的调整，恐慌情绪对市场冲击越明显，调整幅度越大。

以上结论显示，恐慌将会促进投机行为的增加，投机产生的高流动性进一步放大恐慌情绪与投机行为。基于此，本文的政策建议如下：

一是建立完善的金融市场信息披露机制，信息不对称是引起恐慌的根源。由于信息的不对称导致投资者在面对巨大的市场不确定性情况下做出非理性判断，为投机行为创造了条件。一方面，政府和金融部门应提高信息公布的及时性，通过定期公开与重大事件临时公开等形式确保信息能够及时传播；另一方面，完善信息传播渠道，以往证券监管部门、商品交易所等部门信息公开的渠道以公告和发布会为主，而随着新媒体的快速发展，建立信息发布平台会助力信息的传播。此外，在面对重大事件冲击带来的市场恐慌时，政府和金融部分应正确引导舆论导向，避免投资者非理性的预期行为。

二是完善金融市场重大事件应急机制，疏解恐慌情绪，防止过度投机。首先，完善金融重大事件监督管理机制，对金融市场发生的重大事件或可能会引起金融市场发生重大反应的事件进行监督管理，防止金融市场产生系统性风险。其次，完善金融市场重大事件预警机制，通过设置预警信号，帮助投资者合理控制风险。最后，规范金融市场交易行为，避免由于过度投机而产生的流动性风险放大市场恐慌。

参考文献

[1] 刘思跃，梁鉴标. 国际市场恐慌情绪传染分析与风险预警 [J]. 商业研究，2016（3）：59-68.

[2] 胡聪慧，刘学良. 大宗商品与股票市场联动性研究：基于融资流动性的视角 [J]. 金融研究，2017（7）：123-139.

[3] 韩立岩，尹力博. 投机行为还是实际需求？——国际大宗商品价格影响因素的广义视角分析 [J]. 经济研究，2012，47（12）：83-96.

[4] 佟家栋，盛斌，蒋殿春，严兵，戴金平，刘程. 新冠肺炎疫情冲击下的全球经济与对中国的挑战 [J]. 国际经济评论，2020（3）：9-28+4.

[5] 李先德，孙致陆，贾伟等. 新冠肺炎疫情对全球农产品市场与贸易的影响及对策建议 [J]. 农业经济问题，2020，488（8）：4-11.

[6] 斯蒂芬·韦恩斯. 恐慌与机会 [M]. 赵耀，霍春辉，陈瑶译. 北京：机械工业出版社，2010.

[7] 王聪，张铁强. 经济开放进程中金融危机冲击比较研究 [J]. 金融研究，2011（3）：97-110.

[8] 易宪容，王国刚. 美国次贷危机的流动性传导机制的金融分析 [J]. 金融研究，2010（5）：41-57.

[9] 雷良海，魏遥. 美国次贷危机的传导机制 [J]. 世界经济研究，2009（1）：24-31+88.

　　[10] Peck A E. Reflections of Hedging on Futures Market Activity Marketing of Agricultural Commodities [J]. Food Research Institute Studies, 1979 (17): 327-349.

　　[11] 安毅, 宫雨. 我国农产品期货市场投机特征与非理性行为 [J]. 证券市场导报, 2014 (5): 46-51.

　　[12] 杨阳, 万迪昉投资者情绪对我国金属期货市场的影响 [J]. 系统工程, 2010, 28 (11): 1-8.

　　[13] 石泽楠, 董玲. 玉米市场情绪、期货现货价格的相关性研究 [J]. 玉米科学, 2018, 37 (1): 131-135.

　　[14] 郑晓宏, 杨文静. 中国玉米现货价格、期货价格与投资者情绪关系研究 [J]. 世界农业, 2017 (7): 125-133.

　　[15] Baker S R, Bloom N, Davis S J. Measuring Economic Policy Uncertainty [J]. The Quarterly Journal of Economics, 2016, 131 (4): 1593-1636.

　　[16] 张明, 肖立晟. 国际资本流动的驱动因素: 新兴市场与发达经济体的比较 [J]. 世界经济, 2014, 37 (8): 151-172.

　　[17] Working H. New Concepts Concerning Futures Markets and Prices [J]. The American Economic Review, 1961, 51 (2): 160-163.

　　[18] 田成志, 邱雁. 农产品期货价格由供求信息决定还是投机行为决定? ——投机基金对玉米期货价格影响的实证分析 [J]. 资源开发与市场, 2019, 35 (11): 1409-1412.

　　[19] Working H. Speculation on hedging markets [J]. Food Research Institute Studies, 1960 (1): 185-220.

Has the Panic Stimulated Speculation in Agricultural Futures?
—Validation Summary from CBOT Wheat Futures Data

ZHAO Lulu, SHAO Kaichao, JIN Meilin

(*Institute of Food and Strategic Reserves, Nanjing University of Finance and Economics,*

Nanjing, 210003, China)

Abstract: Based on the VIX index and CBOT wheat futures position data from 2000-2021, this paper uses cointegration tests and wavelet transform models to analyze the impact of panic on CBOT wheat futures speculative behavior from two perspectives: Liquidity and position size. The study shows that at the trend level, hedgers tend to make judgments based on historical data, while speculators do the opposite; at the volatility level, hedgers make smaller adjustments based on the level of panic, while speculators tend to amplify the level of panic in the market and thus increase the frequency of speculation. Based on the research in this paper, it is proposed that a comprehensive financial market information disclosure mechanism should be established to improve the emergency response mechanism of financial markets in the face of major emergencies.

Key Words: Panic; Wheat Futures; Speculation; Wavelet Transf

粮食经济研究

2023 年第 2 辑　　　　FOOD ECONOMICS RESEARCH　　　　Vol. 9　No. 2

土地确权增收效应：机制讨论与经验证据[①]
——基于中国省级面板数据实证研究

王海峰　李光泗　胡运芝

（南京财经大学 粮食和物资学院，江苏 南京 210003）

摘　要： 本文基于 2002~2019 年的省级面板数据，利用渐进双重差分模型和中介效应模型分析农村土地确权对农户的增收效应及其长期动态趋势。结果表明：①土地确权对于农户家庭收入、家庭农业收入和家庭非农收入都有明显的增加效应，并用平行趋势检验和安慰剂检验证实了模型的稳健性；②土地确权对家庭收入及家庭农业收入的增加效应随着时间推移呈现递减规律，对家庭非农收入则相反，同时对中部地区农户和高收入农户的增收效应尤为显著，加剧收入不平衡；③根据中介效应模型发现，土地确权改善土地资源配置效率，纠正劳动力错配，提高农户资金可获得性，因而增加三种收入。本文研究有助于发现土地确权与农户增收的内在机制，为促进农户收入、优化收入结构、降低收入不平衡提供政策启发。

关键词： 土地确权；农户收入；渐进 DID 模型；中介效应

一、引言

中国进入全面推进乡村振兴阶段，农民收入问题是我国乡村振兴战略目标能否实现的重要因素之一。但是近年来，随着经济下行压力加大，农民收入持续稳定增长的内在动力和后劲明显不足（王小龙和何振，2018）。尤其自 2011 年以来，农村居民收入增长速度从 17.88% 下降到 2016 年的 8.24%，随后反弹到 9% 左右。在农村居民收入增长速度波动起伏的同时，城乡居民收入差距却在不断扩大，从 2002 年的 5123.48 元/人不断上涨到 2019 年的 26338.13 元/人，差距年均增长 28.56%。城乡收入差距扩大势必会影响资源的合理配置，从而影响经济整体运行效率（胡霞和李文杰，2016）。尤其是在当前国际形势紧张的形势下，不利于构建以国内大循环为主体，"国内国际双循环"相互促进发展的新格局。

土地是农民最重要的资产（刘同山和张凤，2021），土地剩余控制权归属直接影响农民收入。20 世纪 80 年代初，我国实行家庭联产承包经营制，把土地集体所有权和承包经营权分置，促进农业飞速发展。两轮土地承包分别规定承包期保持 15 年和 30 年不变，农民土地产权不断得到强化。2013 年的中央一号文件提出，用 5 年时间完成农村土地确权工

① 收稿日期：2023-03-09。
基金项目：国家自然科学基金项目（71673127）、服务国家特殊需求博士人才科研专项课题（BSZX2021-02）。

作，规定土地承包经营权长期不变。到 2019 年土地确权面积接近 1 亿公顷，确权农户超过 2 亿户，确权工作基本完成。土地确权明确土地所有权，稳定承包经营权，极大保障农村土地产权的稳定。农地产权制度是农村经济运行的基本经济制度，其蕴含的约束条件不仅会影响农户对土地资源的配置，而且会由于外部性而影响相关要素的配置（宋洪远，1994），进而决定农户的收入水平和结构。那么，土地确权能否改变农户行为从而促进农户家庭收入增长？土地确权增收效应的持续性如何？是否导致收入不平等？又是通过哪些机制实现？对这些问题的研究十分必要。

现有诸多文献研究土地确权对于农户行为的影响，主要关于土地确权导致的土地流转（罗必良，2017；王士海和王秀丽，2018）、非农就业（许恒周和郭玉燕，2011；韩家彬和刘淑云，2019；黄宇虹和樊纲治，2020）和农户融资（张龙耀等，2015；Carter 和 Olinto，2000）等方面。但是新古典经济学代表人物 Schultz（1961）认为，农户是理性的并且会优化资源配置以获得最大利益，所以不管土地确权如何影响农户行为，归根结底都是农户为追求利益最大化而做出的抉择。最终落脚点还应该综合考察农户收入水平，然而现在学者关于土地确权对农户收入和收入结构影响并没有一致结论。部分学者认为，土地确权并不能显著增加家庭收入，Do 和 Iyer（2008）的研究发现，越南的农地确权并未提高农户收入；贺雪峰（2015）认为，土地确权可能会导致更严重的土地细碎化，并不能促进农业收入增加；柯炼等（2019）发现，实行土地流转政策地区的农户收入水平并没有显著提高。有些学者却持相反观点，许恒周等（2020）从土地流转和劳动力非农就业两个方面验证土地确权的增收效应，相较于普通农户，实行土地经营权流转的农户家庭收入更高（冒佩华等，2015），尤其提高了土地转入户的收入（Xu 和 Du，2021），土地确权增收效应在中西部地区更加明显（高帆和赵祥慧，2021）。在土地确权影响家庭收入结构方面，仇童伟（2017）认为，农地产权通过赋予主体决策自由，可以直接提高农业收入。李哲和李梦娜（2018）认为，土地确权并未直接促进农业生产收入，家庭收入的提高以财产性收入和转移性收入为主。李江一等（2021）认为，农地确权提高农户家庭总收入主要源于农业纯收入和务工收入的叠加。

总而言之，学者关于土地确权对农户收入的研究结果颇为丰富，为本研究提供了一定的参考。但是，现有研究也有一些不足之处。一是现有文献主要集中于利用 2~3 期微观数据构建双重差分模型分析，但是短期数据难以进行平行趋势检验，估计结果的无偏性有待进一步商榷，并且各省份土地确权政策实施的年份不一致，双重差分法并不准确。本文利用 2002~2019 年 30 个省份长期面板数据，构建渐进双重差分模型进行分析，研究方法更可靠。二是现有文献使用短期数据，只能进行静态效应分析，事实上，国家推行土地确权政策从试点改革到全面实施，是一项长期动态调整过程，所以本文利用长期面板数据分析土地确权增收效应的长期动态趋势，补充结论的完整性。三是目前文献分析土地确权影响路径中所考虑的土地流转，仅考虑是否流转，而没有具体研究土地流转面积对于农户收入影响大小，本文在分析收入影响路径时，引入土地流转面积作为中介变量，所得结果更准确。

基于以上分析，本文从理论上剖析土地确权对于农户收入增长及长期趋势的影响机制和具体路径，构建渐进 DID 模型和中介效应模型，说明变量选取和数据来源，并对构造模型进行回归结果解释，最后得到结论并给出政策启示。

二、理论机制和研究假说

土地确权促进农业种植三大要素土地、劳动力和资本联动，综合影响农户资源配置决策，从而影响农户收入。

（一）土地确权增收效应机制

1. 土地资源配置

土地确权明晰产权制度，有效减少交易双方的信息不对称，降低土地被非法侵占的可能性，为土地规模经营奠定基础。首先，土地确权显著提高农地转出概率，明显增加流转面积（许庆等，2017），使土地从低生产效率农户流向高生产效率农户，显著提升家庭劳动生产率，增加潜在收入（冒佩华等，2015），从而增加家庭收入。其次，土地流转改善土地资源配置效率，形成规模经营，降低农业生产成本，提升农地经营边际收益，从而提高家庭农业收入。最后，土地经营规模扩大形成种粮大户、农业合作社、农业公司等新型农业经营模式，增加农户本地非农就业机会，提高农户家庭非农收入。基于以上分析，提出如下假说：

假说 1A：土地确权导致土地资源配置优化，增加农户家庭收入、家庭农业收入和家庭非农收入，土地资源配置在土地确权增收效应中存在中介效应。

2. 劳动力要素配置

土地确权保障农地产权的稳定与安全，纠正劳动力错配（李江一等，2021），激励农户非农就业（Janvry 等，2015），减轻由于土地信息不明确而带来的土地纠纷，降低劳动力转移就业的机会成本，从而促进农村劳动力进入非农部门稳定就业，有利于家庭非农收入稳定增长（韩家彬和刘淑云，2019）。土地确权促进劳动力转移，使原本低效率的农户转向非农行业，使生产高效率农户留于农业且形成规模经营，同时拥有稳定的承包经营权，提高劳动力积极性和农地产出率，从而增加家庭农业收入。反之，农村土地产权不清晰时劳动力转移缺乏效率（黄宇虹和樊纲治，2020），为了维护农地所有权，农户选择临时工作或者保留部分劳动力从事农业生产，影响劳动力就业效率，从而降低家庭收入。基于以上分析，提出如下假说：

假说 1B：土地确权导致劳动力要素配置优化，增加农户家庭收入、家庭农业收入和家庭非农收入，劳动力要素配置在土地确权增收效应中存在中介效应。

3. 农户融资可获得性

土地确权允许农户使用土地承包经营权作为担保，向正规金融机构融资，从而改善农户信贷条件，缓解信贷抵押品不足困境（Feder，1998），提升农户融资可获得性（付江涛等，2016）。土地流转和劳动力转移，加速农业生产转型，促使农业各生产要素重新组合，由技术要素、资本要素替代劳动力要素（赵思诚等，2020）。土地融资能力为农业生产时采用新技术和机械所需资金提供渠道，促进要素重新配置，提高农地经营集约化，从而提高农业收入（仇童伟，2017）。地权强化减少农户短视行为，促进因土地承包经营权担保而获得的资金，用于经营性资本投资、提高经营效率、增加农户家庭收入。基于以上分析，提出如下假说：

假说 1C：土地确权增加农户融资可获得性，从而增加农户家庭收入和家庭农业收入，农户融资可获得性在土地确权增收效应中存在中介效应。

（二）土地确权增收长期效应

不同经济发展条件下，农户土地安全感知存在差异，土地依赖程度发生变化。基于理性人假设，土地依赖程度不同的农户将重新配置资源而追求效用最大化（黄善林等，2019），农地确权对其收入的影响也将显著不同。随着时间的推移，我国的经济不断发展，农户土地依赖程度逐渐降低（许恒周等，2020），农户家庭在生产方面逐渐脱离农业，在生活与居住方面开始向城镇转移，经济越发达，导致土地安全感知越不明显，农地确权激励作用越减弱，进而土地确权对家庭收入增收效应不断降低。

土地确权提升了农户非农就业稳定性（韩家彬和刘淑云，2019），部分进城农户随着非农就业的时间增长，工作经验丰富，资历加深而导致家庭非农收入不断上升，土地确权对家庭非农收入增收效应不断增加。同时因为长期脱离农业生产，并且农村土地的增收功能、就业功能及社会保障功能减退（叶兴庆，2018），其希望有偿退出土地承包经营权，家庭非农收入占比越高农户退出土地承包经营权意愿越强烈（李荣耀和叶兴庆，2019）。随着退出土地承包经营权农户越多，土地确权对于家庭农业收入的增收效应越弱。基于以上分析，提出如下假说：

假说 2：土地确权对于家庭收入及家庭农业收入增收效应随着时间推移而减弱，对家庭非农收入则相反。

三、数据和变量

（一）数据来源

本文选取全国 30 个省份 2002~2019 年的面板数据进行研究。数据来源于《中国统计年鉴》及各省统计局相关部门。家庭收入、家庭农业收入和家庭非农收入来源于《中国农村住户家庭调查》；家庭固定资产、人均 GDP、人口密度来源于《中国统计年鉴》；农产品价格指数来源于《中国农村统计年鉴》；文盲率来源于《中国人口与就业统计年鉴》；耕地面积、农业从业人数和土地流转面积来源于各省官方统计年鉴；涉农贷款余额来源于国家统计局和 Wind 数据库。为了保证数据可比性，价格数据以 2002 年为基期，利用居民消费价格指数进行平减计算。各变量的描述性统计分析结果如表 1 所示。

表 1 主要变量基本统计量

变量类型	变量名称	样本容量	平均值	标准差	最小值	最大值
被解释变量	家庭收入（元/人）	540	6096.868	3738.073	1505.264	22208.960
	家庭农业收入（元/人）	540	2388.030	1718.665	401.642	10392.070
	家庭非农收入（元/人）	540	3668.995	3379.579	200.372	20632.830
解释变量	土地确权虚拟变量	540	0.224	0.417	0	1

续表

变量类型	变量名称	样本容量	平均值	标准差	最小值	最大值
控制变量	家庭固定资产（亿元）	540	189.321	152.874	1.341	721.669
	耕地面积（千公顷）	540	3697.081	2935.485	46.520	14338.100
	人均 GDP（元/人）	540	27078.550	19007.180	3290.564	118085
	农产品价格指数	540	105.384	7.274	88.990	136.900
	文盲率（%）	540	10.277	5.751	2.630	33.740
	人口密度（人/平方千米）	540	2501.449	1336.984	186	6307
中介变量	土地流转面积（万亩）	450	978.626	1195.068	9.019	6897.308
	农业从业人数（百万人）	540	9.603	6.983	0.408	33.980
	涉农贷款余额（万亿元）	540	0.339	0.457	0.000	2.684

注：土地流转面积数据从 2005 年开始，所以样本容量为 450。

（二）变量选取

1. 被解释变量

土地确权，促进土地流转，激励非农就业，从而影响家庭农业收入和非农收入，并且通过影响农业收入、工资收入等影响家庭收入。所以选取家庭收入、家庭农业收入和家庭非农收入为被解释变量，既可以考察土地确权对于农户收入的影响，还可以分析对不同收入的影响机制。为了消除家庭人口规模对回归结果的影响，这三种收入都除以家庭人口数，取人均收入作为代表。

2. 解释变量

核心解释变量为土地确权虚拟变量，当年土地确权则为 1，否则为 0。

3. 控制变量

参考以往文献，从物资资本、人力资本和区域经济三个角度选择影响家庭收入的控制变量。具体物质资本包括家庭固定资产和耕地面积（高梦滔和姚洋，2006），农户家庭的固定性资产如农具、机械、生产性用房等会影响农户收入，选择农户家庭固定资产作为代表。农户家庭对于土地资源有较强的依赖性，尤其是家庭农业收入更与土地资源密切相关，选择耕地面积作为代表。Schultz（1961）把人力资本定义为人体之中具有经济价值的知识、技能和体力之和，所以本文人力资本主要考虑教育程度和地区劳动力供给，受教育程度是选择文盲率加以考察，地区劳动力供给选择人口密度为代表。区域经济水平包含人均 GDP 和农产品价格（张龙耀等，2015），地区经济发展水平是影响农户收入水平的重要因素之一，选择各省人均 GDP 作为代表。农产品价格水平直接关系到农户收入，选取各省农产品价格指数加以考察。

4. 中介变量

中介变量包括土地资源配置、劳动力要素配置和农户融资可获得性，其中土地资源配置选取土地流转面积作为代表，劳动力要素配置选取农业从业人数作为代表，农户融资可获得性以涉农贷款余额为代表。主要分析土地确权导致的土地资源配置、劳动力要素配置和农户融资可获得性对于农户收入的影响路径。

四、基本模型

(一) 渐进双重差分模型

由于各省土地确权时间并不一致，所以构建渐进双重差分模型进行回归 (Li 等 2016)，具体模型如下：

$$Y_{it} = \alpha_0 + \alpha_1 X_{it} + \sum_{j=1}^{n} b_j Control_{it} + \mu_t + \nu_i + \varepsilon_{it} \tag{1}$$

式中，Y_{it} 为 i 省第 t 年的农户家庭收入、家庭农业收入或家庭非农收入；X_{it} 为 i 省第 t 年的土地确权虚拟变量，如果 i 省第 t 年实施土地确权，则 $X_{it} = 1$，否则 $X_{it} = 0$；$Control_{it}$ 为其他控制变量；α_0 为常数项，α_1 为本文重点关注系数，b_j 为控制变量系数；μ_t 为时间固定效应；ν_i 为省份固定效应；ε_{it} 为随机扰动项。为降低异方差性，模型变量都采取对数形式。

(二) 中介效应模型

为了研究农户增收的内在影响机制，借鉴温忠麟和叶宝娟 (2014) 的文献，构建本文中介效应模型，具体如下：

$$M_{it} = \beta_0 + \beta_1 X_{it} + \sum_{j=1}^{n} b_j Control_{it} + \mu_t + \nu_i + \varepsilon_{it} \tag{2}$$

$$Y_{it} = \gamma_0 + \gamma_1 X_{it} + \gamma_2 M_{it} + \sum_{j=1}^{n} b_j Control_{it} + \mu_t + \nu_i + \varepsilon_{it} \tag{3}$$

式中，M_{it} 为中介变量，本文中为土地流转面积、农业从业人数和涉农贷款余额。具体检验中介效应，分为三个阶段：第一阶段，检验系数 α_1 是否显著，如果显著再检验 β_1 和 γ_2；如果两者都显著，那么进入第三阶段；如果至少有一个不显著，那么就能进入第二阶段。第二阶段，用 Bootstrap 方法检验假设 $\beta_1 \times \gamma_2$ 是否为零，如果拒绝则进入第三阶段，否则结束检验。第三阶段，检验 $\beta_1 \times \gamma_2$ 符号与 γ_1 符号是否相同。如果符号相同且 γ_1 显著，那么为部分中介效应；如果 γ_1 不显著，那么为完全中介效应；如果 $\beta_1 \times \gamma_2$ 与 γ_1 符号不相同，那么为遮掩效应。

五、实证结果与分析

(一) 基准回归

土地确权对农户收入的基准回归如表 2 所示，根据表 2 可知，在控制其他变量的基础上，土地确权对农户家庭收入、家庭农业收入和家庭非农收入都有显著的增长效应，分别为 18.9%、16.7% 和 25.4%，并且在 1% 的统计水平上显著。本文研究结果与冒佩华 (2015) 和仇童伟 (2017) 的研究结论相符。

从其他控制变量回归结果来看，家庭固定资产对农业收入具有正向影响，可能因为家庭如果增加生产性固定投资，如农业生产机械、场地和仓库等，会提高劳动生产率，从而增加家庭的农业收入。另外，人均 GDP 显著增加了三种家庭收入，可能因为区域经济发展水平是影响农户收入水平的重要因素之一 (程名望等，2014)，经济发展速度越快，农户收入增长越高。人口密度代表着地区劳动力供给，劳动力越多，越能促进农业发展，从而提高农业收入。农产品价格指数对于三种家庭收入都呈显著正向影响，这与李文等（2003）的研究结果一致。耕地面积显著正向影响家庭农业收入，耕地面积越多，更容易形成规模化经营，从而降低成本，提升农户农业收入。

表 2　基准模型回归结果

变量	家庭收入	家庭农业收入	家庭非农收入
土地确权	0. 189 ***	0. 167 ***	0. 254 ***
	(0. 024)	(0. 031)	(0. 039)
家庭固定资产	−0. 031	0. 107	0. 126
	(0. 044)	(0. 076)	(0. 092)
人均 GDP	0. 588 ***	0. 262 **	0. 789 ***
	(0. 072)	(0. 010)	(0. 107)
农产品价格指数	0. 262 ***	0. 210 **	0. 297 ***
	(0. 062)	(0. 080)	(0. 098)
人口密度	−0. 018	0. 038 *	0. 002
	(0. 016)	(0. 021)	(0. 033)
耕地面积	0. 056	0. 241 **	0. 296
	(0. 072)	(0. 105)	(0. 176)
文盲率	−0. 009	0. 086	0. 016
	(0. 033)	(0. 041)	(0. 062)
Constant	2. 027 **	1. 698	−3. 575 *
	(0. 910)	(1. 241)	(1. 900)
Observations	540	540	540
Number of province	30	30	30

注：＊＊＊表示在 1%的置信水平下拒绝原假设，＊＊表示在 5%的置信水平下拒绝原假设，＊表示在 10%置信水平下拒绝原假设；括号内标准误为聚类标准误；回归结果为时间，空间双固定效应。下同。

（二）平行趋势检验

运用双重差分法的前提是平行趋势假设，即在土地确权政策实施以前，实验组和对照组之间的家庭收入、家庭农业收入和家庭非农收入会有相同的趋势。由于土地确权各省实施年份不一致，无法统一时期作为观测时期，借助应瑞瑶等（2018）的方法，以全面推行土地确权的年份作为时间依据。具体来说，构造土地确权虚拟变量，将在 2017 年之前进行土地确权的省份作为实验组，赋值为 1；反之则作为对照组，赋值为 0。在此基础上，利用 2013 年前的样本数据进行回归，结果如表 3 所示。表 3 回归结果显示，在土地确权之前，构造的虚拟变量对于农户收入影响并不显著，说明实验组和对照组的家庭收入并没有显著差异，从而平行趋势得以验证。

表 3　平行趋势检验

变量	家庭收入	家庭农业收入	家庭非农收入
土地确权	-0.113	-0.051	-0.516
	(0.123)	(0.065)	(0.554)
控制变量	YES	YES	YES
Constant	2.304***	9.580***	-1.806**
	(0.471)	(1.194)	(0.864)
Observations	360	360	360
Number of province	30	30	30

注：＊＊＊表示在 1% 的置信水平下拒绝原假设，＊＊表示在 5% 的置信水平下拒绝原假设，＊表示在 10% 置信水平下拒绝原假设。

（三）安慰剂检验

为了验证农户收入增加是否受到其他不可观测因素影响，构造反事实框架对模型进行检验。构造虚假土地确权虚拟变量，将各省份的土地确权时间分别提前 5~7 年，再对模型进行回归，回归结果如表 4 所示。可以发现土地确权对于三种收入影响不再显著，说明农户收入增长效应确实受到土地确权的影响，而非不可观测的因素影响。

表 4　安慰剂检验

变量	家庭收入	家庭农业收入	家庭非农收入
土地确权	0.034	0.014	-0.013
	(0.040)	(0.075)	(0.101)
控制变量	YES	YES	YES
Constant	0.708	3.529***	-5.575**
	(1.107)	(1.511)	(2.218)
Observations	540	540	540
Number of province	30	30	30

注：＊＊＊表示在 1% 的置信水平下拒绝原假设，＊＊表示在 5% 的置信水平下拒绝原假设，＊表示在 10% 置信水平下拒绝原假设。

（四）土地确权增收效应持续性检验

动态 DID 估计结果如图 1~图 3 所示，土地确权对于家庭收入、家庭农业收入和家庭非农收入都有明显的增加效应。但是对于家庭收入和家庭农业收入的增加效应随着时间推移而呈现递减趋势，而对非农收入却是相反的递增趋势，验证假说 2。

在土地确权之前，土地确权对于家庭收入、家庭农业收入和家庭非农收入影响并不显著，说明在改革之前，实验组和对照组之间并没有显著差异，进一步验证平行趋势。

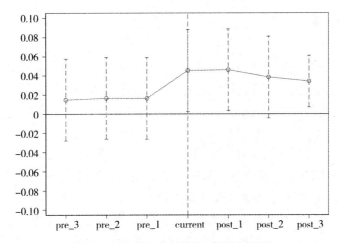

图 1　土地确权对家庭收入持续性检验

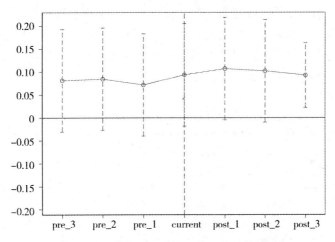

图 2　土地确权对家庭农业收入持续性检验

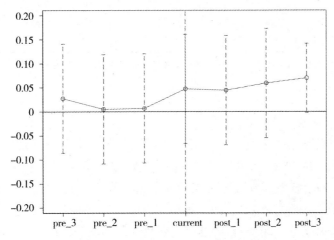

图 3　土地确权对非农收入持续性检验

（五）异质性分析

1. 地区差异分析

为了考察地区经济差异对土地确权增收效应的影响，将我国按照东部、中部和西部分为三个地区，从不同地区考察土地确权增收效应，具体结果如表 5 所示。可见土地确权对于家庭收入在中部地区增收效应最大，西部其次，东部最小。可能因为地区经济发展水平不同和非农就业机会差异，导致农户对土地依赖程度不同。为了追求效用最大化，对土地依赖程度不同的农户采用不同的家庭资源配置方式（黄善林等，2019）。在东部地区，经济相对比较发达，农户非农就业机会较多，土地对农户的收益重要性下降（许恒周等，2020），所以土地确权对于东部地区家庭收入增幅最小。中部地区经济发展相对落后，且作为传统农业主产区，农户更依赖于土地，同时平原面积辽阔，土地流转市场发达，所以家庭收入增幅最大。虽然西部地区经济较为落后，但是平原地区相对较少，土地流转市场不发达（李江一等，2021），所以家庭收入增幅不如中部地区明显。在家庭农业收入方面，可能因为东部地区土地流转比例较高，经济相对发达，更容易形成新型经营方式，导致东部地区家庭农业收入增幅最高。在家庭非农收入方面，由于中部地区经济相对欠发达，农户非农就业机会较少，但是确权以后，稳定产权降低农户非农就业机会成本，农户进入发达地区非农就业，获得较高收入，所以中部地区家庭非农收入增幅最大。

表 5 地区差异分析

变量	家庭收入			家庭农业收入			家庭非农收入		
地区	东部	中部	西部	东部	中部	西部	东部	中部	西部
土地确权	0.153***	0.232***	0.187***	0.195**	0.073***	0.140***	0.251***	0.316**	0.202***
	(0.030)	(0.066)	(0.031)	(0.063)	(0.022)	(0.037)	(0.065)	(0.108)	(0.054)
控制变量	YES	YES	YES	YES	YES	YES	YES	YES	YES
Constant	3.712***	0.645	-0.791	3.842*	2.845	-1.691	-2.007***	-8.674	-12.006***
	(1.133)	(2.031)	(1.634)	(1.892)	(2.125)	(1.600)	(2.634)	(5.136)	(3.575)
Observations	234	108	198	234	108	198	234	108	198
Number of province	13	6	11	13	6	11	13	6	11

注：***表示在 1% 的置信水平下拒绝原假设，**表示在 5% 的置信水平下拒绝原假设，*表示在 10% 置信水平下拒绝原假设。

2. 不同收入农户的差异分析

当前农村内部经济发展不均衡，为了考察不同收入农户受到土地确权增收效应的差异，把农户按照收入的 25%、50%、75% 三个分位数分类，然后进行回归，具体结果如表 6 所示。三种收入的增收效应都会随着农户收入的提高而不断增加，可能因为土地确权，促使土地流转（程令国等，2016），对于种植大户形成规模效应，相对增收效应更为明显，稳定非农就业（Janvry 等，2015），促进农户创业（郑淋议等，2020），加剧非农收入不平衡，需要关注土地确权导致农户收入不平衡问题。土地确权对于低收入家庭的非农收入和家庭收入呈现为负增长效应，可能因为部分受教育程度较低或健康状况较差的农户在土地流转以后，并没有能力从事非农就业，甚至由于土地确权释放大量劳动力从事非农就业，挤占了原本他们的非农就业机会，从而降低他们的家庭非农收入和家庭收入。

表 6　分位数回归

变量	家庭收入			家庭农业收入			家庭非农收入		
分位数	25%	50%	75%	25%	50%	75%	25%	50%	75%
土地确权	−0.186 *** (0.047)	0.472 *** (0.067)	0.613 *** (0.082)	0.050 (0.047)	0.264 *** (0.062)	0.383 *** (0.095)	−0.297 ** (0.074)	0.746 *** (0.098)	0.748 *** (0.113)
控制变量	YES	YES	YES	YES	YES	YES	YES	YES	YES
Constant	−2.072 *** (0.719)	−0.156 (0.714)	2.383 *** (0.718)	5.753 *** (0.815)	6.609 *** (0.706)	7.820 *** (0.904)	8.906 *** (1.072)	−4.927 *** (0.998)	−1.626 (1.070)
Observations Number of province	540 30	540 30	540 30	540 30	540 30	540 30	540 30	540 30	540 30

注：***表示在 1%的置信水平下拒绝原假设，**表示在 5%的置信水平下拒绝原假设，*表示在 10%置信水平下拒绝原假设。

（六）机制检验

1. 土地资源配置

如表 7 所示，第一阶段，根据前文分析，土地确权对于三种收入都显著相关。同时检验土地确权对于土地流转面积的影响，发现都是正向影响，说明土地确权确实增加了土地流转。土地流转面积正向影响三种收入，说明土地流转对三种收入起到增收效应，但是发现家庭非农收入的 γ_2 不显著。第二阶段，用 Bootstrap 方法检验假设，检验结果均拒绝原假设，说明土地流转面积确实存在中介效应。第三阶段，发现 $\beta_1 \times \gamma_2$ 与 γ_1 符号相同，所以土地资源配置表现为部分中介效应。土地确权增加土地流转面积，形成规模经营，增加农业投入，形成新经营模式，对于三种收入都有促进作用。

表 7　土地流转中介效应检验

变量	土地流转面积	家庭收入	家庭农业收入	家庭非农收入
土地确权	0.478 *** (0.131)	0.129 *** (0.022)	0.097 *** (0.023)	0.178 *** (0.037)
土地流转面积	—	0.047 *** (0.016)	0.072 *** (0.019)	0.054 (0.033)
控制变量	YES	YES	YES	YES
Constant	−22.214 *** (7.319)	1.927 * (1.033)	3.321 ** (1.217)	−3.659 (2.440)
Observations Number of province	450 30	450 30	450 30	450 30

注：***表示在 1%的置信水平下拒绝原假设，**表示在 5%的置信水平下拒绝原假设，*表示在 10%置信水平下拒绝原假设。

2. 劳动力要素配置

如表 8 所示，第一阶段，根据前面分析，土地确权对于三种收入都显著相关。同时检验土地确权对于农业从业人数的影响，发现呈负向影响，说明土地确权对于农业劳动力产生"挤出效应"。农业从业人数正向影响三种收入，说明劳动力配置优化对三种收入起到增收效应。但是发现 β_1 和 γ_2 中至少有一个不显著。第二阶段，用 Bootstrap 方法检验假设，检验结果均拒绝原假设，说明劳动力要素确实存在中介效应。第三阶段，发现 $\beta_1 \times \gamma_2$ 与 γ_1 符号并不相同，所以劳动力要素表现为遮掩效应。这可能原因是，土地确权导致劳动力要素配置优化，纠正劳动力错配，使原本用于保护土地产权的劳动力转向非农行业，增加家庭非农收入，剩下的农户仍留于农业且形成规模经营，同时拥有稳定的承包经营权，提高劳动力积极性和农地产出率，增加家庭农业收入，最终导致家庭总收入增加，并没有因为农业从业人数的减少而降低三种收入。

表 8　劳动力转移中介效应检验

变量	农业从业人数	家庭收入	家庭农业收入	家庭非农收入
土地确权	−0.144	0.192 ***	0.170 ***	0.262 ***
	(0.255)	(0.022)	(0.032)	(0.034)
农业从业人数	—	0.024 **	0.017	0.055 ***
		(0.008)	(0.011)	(0.019)
控制变量	YES	YES	YES	YES
Constant	30.445 ***	1.310	1.168	−5.257 **
	(10.359)	(0.966)	(1.344)	(2.003)
Observations	540	540	540	540
Number of province	30	30	30	30

注：***表示在 1%的置信水平下拒绝原假设，**表示在 5%的置信水平下拒绝原假设，*表示在 10%置信水平下拒绝原假设。

3. 农户融资可获得性

根据表 9 所示，第一阶段，根据前面分析，土地确权对于三种收入都显著相关。同时检验土地确权对于涉农贷款的影响，发现是正向影响，说明土地确权确实增加了农户贷款。涉农贷款正向影响家庭收入和农业收入，负向影响非农收入，说明涉农贷款对家庭收入和农业收入起到增收效应。但是发现 β_1 和 γ_2 中至少有一个不显著。第二阶段，用 Bootstrap 方法检验假设，检验结果在家庭收入和家庭农业收入拒绝原假设，但是在非农收入并不能拒绝原假设，说明涉农贷款在家庭收入和家庭农业收入中存在中介效应。第三阶段，比较 $\beta_1 \times \gamma_2$ 与 γ_1 符号，发现符号相同，并且 γ_1 系数显著，所以涉农贷款表现为部分中介效应。土地确权缓解农民信贷抵押品不足困境，为农业生产转型、扩大规模经营、提升生产效率提供资金支持，从而提升家庭收入和家庭农业收入。

表 9　农户融资中介效应检验

变量	涉农贷款	家庭收入	家庭农业收入	家庭非农收入
土地确权	1. 742 ***	0. 184 ***	0. 169 ***	0. 260 ***
	(0. 490)	(0. 023)	(0. 031)	(0. 040)
涉农贷款	—	0. 003	0. 001	−0. 004
		(0. 004)	(0. 004)	(0. 007)
控制变量	YES	YES	YES	YES
Constant	−15. 933	2. 070 **	1. 680	−3. 632 ***
	(32. 902)	(0. 885)	(1. 248)	(1. 866)
Observations	540	540	540	540
Number of province	30	30	30	30

注：*** 表示在 1% 的置信水平下拒绝原假设，** 表示在 5% 的置信水平下拒绝原假设，* 表示在 10% 置信水平下拒绝原假设。

六、结论与对策

本文基于省级面板数据分析了土地确权对农户收入的增长效应及长期趋势，并剖析了内在影响机制。研究发现：首先，土地确权对于农户家庭收入，家庭农业收入和家庭非农收入都有显著的增长效应，但是对于家庭收入和家庭农业收入的增收效应随着时间推移而呈现递减趋势，而对非农收入却是递增趋势。其次，土地确权对于家庭收入在中部地区增收效应最大，西部次之，东部最小，并且增收效应都会随着农户收入的提高而不断增加，加剧农户收入不平衡。最后，根据中介效应模型发现，土地确权促使劳动力要素配置优化，对农业劳动力产生"挤出效应"，促进收入增长，表现为遮掩效应；同时增加土地流转面积和农户融资可获得性，对农户家庭收入和家庭农业收入呈现为部分中介效应。

基于以上分析，政府应深化土地确权改革，跟进配套措施，释放政策红利，为进一步土地流转、农户劳动力转移和农户获得生产性资金提供保障。一方面，逐步改善户籍制度，推进劳动力转移扶持政策，建立统一的城乡劳动力市场，消除农村劳动力就业的制度歧视。另一方面，进一步完善农村金融市场，减少地权抵押的约束，为农户提供融资快捷通道，使潜在信贷需求变为有效信贷需求。同时政府应该关注土地确权增收长期效应和地域差异，注重随着经济发展，市场环境的变化以及各地区要素禀赋的差异，加强对土地资源丰富、经济发展相对落后地区的政策改革力度，力求发挥土地确权增收的持续效应。最后土地确权可能在农户内部加剧收入不平衡，政府应针对不同收入水平的农户，实施精确帮扶的地权改革政策，缩小农村内部收入差距。

参考文献

［1］王小龙，何振．新农合、农户风险承担与收入增长［J］．中国农村经济，2018（7）：79-95.

［2］胡霞，李文杰．中国城乡收入流动性与收入不平等——基于 CHNS 九省调查数据的经验分析［J］．中国农村经济，2016（8）：15-27.

[3] 刘同山，张凤. 大变革背景下中国农村土地制度再审视 [J]. 东岳论丛，2021，42（4）：17-27.

[4] 宋洪远. 经济体制与农户行为——一个理论分析框架及其对中国农户问题的应用研究 [J]. 经济研究，1994（8）：22-28+35.

[5] 罗必良. 科斯定理：反思与拓展——兼论中国农地流转制度改革与选择 [J]. 经济研究，2017，52（11）：178-193.

[6] 王士海，王秀丽. 农村土地承包经营权确权强化了农户的禀赋效应吗？——基于山东省 117 个县（市、区）农户的实证研究 [J]. 农业经济问题，2018（5）：92-102.

[7] 许恒周，郭玉燕. 农民非农收入与农村土地流转关系的协整分析——以江苏省南京市为例 [J]. 中国人口·资源与环境，2011，21（6）：61-66.

[8] 韩家彬，刘淑云. 土地确权对农村劳动力转移就业的影响——来自 CHARLS 的证据 [J]. 人口与经济，2019（5）：41-52.

[9] 黄宇虹，樊纲治. 土地确权对农民非农就业的影响——基于农村土地制度与农村金融环境的分析 [J]. 农业技术经济，2020（5）：93-106.

[10] 张龙耀，王梦珺，刘俊杰. 农地产权制度改革对农村金融市场的影响——机制与微观证据 [J]. 中国农村经济，2015（12）：14-30.

[11] Carter M R, Olinto P. Getting Institutions "Right" for Whom? Credit Constraints and the Impact of Property Rights on the Quantity and Composition of Investment [J]. Wisconsin-Madison Agricultural and Applied Economics Staff Papers, 2000, 85（1）：173-186.

[12] Schultz T W. Investment in Human Captial [J]. American Economic Review, 1961, 51（1）：1-17.

[13] Do Q, Iyer L. Land Titling and Rural Transition in Vietnam [J]. Economic Development & Cultural Change, 2008, 56（3）：531-579.

[14] 贺雪峰. 农地承包经营权确权的由来、逻辑与出路 [J]. 思想战线，2015，41（5）：75-80.

[15] 柯炼，黎翠梅，汪小勤等. 土地流转政策对地区农民收入的影响研究——来自湖南省的经验证据 [J]. 中国土地科学，2019，33（8）：53-62.

[16] 许恒周，牛坤在，王大哲. 农地确权的收入效应 [J]. 中国人口·资源与环境，2020，30（10）：165-173.

[17] 冒佩华，徐骥，贺小丹，周亚虹. 农地经营权流转与农民劳动生产率提高：理论与实证 [J]. 经济研究，2015，50（11）：161-176.

[18] Xu L, Du X. Land Certification, Rental Market Participation, and Income Dynamics in Rural China [C] // 2020 Annual Meeting, July 26-28, Kansas City, Missouri. Agricultural and Applied Economics Association, 2020.

[19] 高帆，赵祥慧. 我国农地确权如何影响农户收入及其差距变动——基于 CHFS 数据的实证研究 [J]. 学术研究，2021（3）：86-91.

[20] 仇童伟. 农地产权、要素配置与家庭农业收入 [J]. 华南农业大学学报（社会科学版），2017，16（4）：11-24.

[21] 李哲，李梦娜. 新一轮农地确权影响农户收入吗？——基于 CHARLS 的实证分析 [J]. 经济问题探索，2018（8）：182-190.

[22] 李江一，仇童伟，李涵. 农地确权影响农户收入的内在机制检验——基于中国家庭金融调查的面板证据 [J]. 南京农业大学学报（社会科学版），2021，21（4）：103-116.

[23] 许庆，刘进，钱有飞. 劳动力流动、农地确权与农地流转 [J]. 农业技术经济，2017（5）：4-16.

[24] Janvry D, Alain, Emerick, et al. Delinking Land Rights from Land Use: Certification and Migration

in Mexico [J]. The American Economic Review, 2015, 105 (10): 3125-3149.

[25] Feder, Ni. The Benefits of Land Registration and Titling: Economic and Social Perspectives [J]. Land Use Policy, 1998, 15 (1): 25-43.

[26] 付江涛, 纪月清, 胡浩. 新一轮承包地确权登记颁证是否促进了农户的土地流转——来自江苏省3县 (市、区) 的经验证据 [J]. 南京农业大学学报 (社会科学版), 2016, 16 (1): 105-113+165.

[27] 赵思诚, 许庆, 刘进. 劳动力转移、资本深化与农地流转 [J]. 农业技术经济, 2020 (3): 4-19.

[28] 黄善林, 樊文静, 孙怡平. 农地依赖性、农地处置方式与市民化意愿的内在关系研究——基于川鄂苏黑四省调研数据 [J]. 中国土地科学, 2019, 33 (4): 25-33.

[29] 叶兴庆. 新时代中国乡村振兴战略论纲 [J]. 改革, 2018 (1): 65-73.

[30] 李荣耀, 叶兴庆. 农户分化、土地流转与承包权退出 [J]. 改革, 2019 (2): 17-26.

[31] 高梦滔, 姚洋. 农户收入差距的微观基础: 物质资本还是人力资本? [J]. 经济研究, 2006 (12): 71-80.

[32] Li P, Lu Y, Wang J. Does Flattening Government Improve Economic Performance? Evidence from China [J]. Journal of Development Economics, 2016 (123): 18-37.

[33] 温忠麟, 叶宝娟. 中介效应分析: 方法和模型发展 [J]. 心理科学进展, 2014, 22 (5): 731-745.

[34] 程名望, 史清华, Jin Yanhong. 农户收入水平、结构及其影响因素——基于全国农村固定观察点微观数据的实证分析 [J]. 数量经济技术经济研究, 2014, 31 (5): 3-19.

[35] 李文, 李兴平, 汪三贵. 农产品价格变化对贫困地区农户收入的影响 [J]. 中国农村经济, 2003 (12): 18-21.

[36] 应瑞瑶, 何在中, 周南, 张龙耀. 农地确权、产权状态与农业长期投资——基于新一轮确权改革的再检验 [J]. 中国农村观察, 2018 (3): 110-127.

[37] 程令国, 张晔, 刘志彪. 农地确权促进了中国农村土地的流转吗? [J]. 管理世界, 2016 (1): 88-98.

[38] 郑淋议, 钱文荣, 李烨阳. 农村土地确权对农户创业的影响研究——基于 CRHPS 的实证分析 [J]. 农业技术经济, 2020 (11): 17-30.

The Effect of Increasing Income of Land Ownership:
Mechanism Discussions and Empirical Evidences
—Empirical Analysis Based on China's Provincial Panel Data

WANG haifeng　　LI Guangsi　　HU Yunzhi

(*Institute of Food and Materials, Nanjing University of Finance and Economics,*

Nanjing Jiangsu, 210023, *China*)

Abstract: Based on the provincial panel data from 2002 to 2019, this paper analyzes the effect and internal influence mechanism of rural land ownership on farmer households' income by using DID method. The conclusions are as follows: Firstly, land ownership has obvious income-increasing effect on household income, household agricultural income and household non-agricultural income. In addition, parallel trend test and placebo test are used to verify the robustness of this model. Secondly, the influence of land ownership on household income and household agricultural income decline over time, while it is opposite to household non-agricultural income. The effect of income increase is the most obvious in the central region, and it shows an expanding trend with the increase of farmers' income. Thirdly, according to the intermediary effect model, it is found that land ownership can improve the allocation of land resources, correct the mismatch of labor force and improve the availability of farmers' funds, thus increasing three kinds of income. This study is helpful to discover the internal mechanism of increasing farmers' income, and provide policy inspiration for promoting farmers' income and reducing income gap.

Key Words: Confirmation of Land Right; Farmers' Income; Time-Varying Did Model; Intermediary Effect

《粮食经济研究》 征稿启事

　　《粮食经济研究》是由南京财经大学粮食经济研究院主办，经济管理出版社出版的专业学术刊物。本刊旨在提供一个学术交流的平台，广泛动员国内外学者和社会各界力量，共同关注中国粮食问题、开展全面深入细致的研究，为宏观决策、学科建设和研究队伍建设服务。

　　《粮食经济研究》以学术中立、鼓励创新为办刊原则，以反映粮食经济领域高水平学术研究最新成果为办刊宗旨，力求严谨、深入、细致、求实的学术风范。刊物设置综述、论文、译文、书评 4 个栏目，主要刊登粮食经济领域内有关粮食生产和流通问题研究的学术论文。

　　由国内外知名专家学者组成学术委员会，指导《粮食经济研究》的办刊方向、论文选题和学术规范。

　　《粮食经济研究》采取匿名审稿制度，聘请相关领域的资深专家对所有投稿进行审定，确保刊物学术水准和办刊质量。

　　刊物目前为半年刊。欢迎所有关注粮食问题的国内外专家学者和研究人员踊跃投稿，稿件应以粮食问题为主要内容。稿件收到后，稿件处理情况将在三个月内通知作者。具体稿件要求请登录南京财经大学粮食安全与战略研究中心网站查询，网址为：http：//cfsss. nufe. edu. cn/。

　　编辑部地址：南京市鼓楼区铁路北街 128 号南京财经大学 31 号信箱

　　邮政编码：210003

　　联系人：赵霞；刘婷

　　联系电话：025-83494738；025-83495947

　　电子邮件：lsjjyjjk@ 163. com

《粮食经济研究》投稿须知

为保证稿件评审的客观公正和刊物学术质量的提高，《粮食经济研究》实行双向匿名审稿制度。作者投稿时请注意以下事项：

一、本刊采取电子邮件投稿，作者投稿时请在来稿主题注明"专投"字样，请勿一稿多投，以免影响审稿和刊用。作者来稿以电子邮件稿件为准，无须寄送纸质稿件。

二、本刊仅接受和刊登粮食经济领域内的学术文章，作者投稿时请选择稿件所投栏目，同时请注意投稿范围不要超出本刊的栏目所限。本刊有综述、论文、译文、书评四个栏目。

三、作者可通过电子邮件、电话等方式查询稿件处理情况。凡投稿两个月未收到编辑部刊用或修改通知，作者可另行处理稿件。

四、本刊编辑出版执行国家有关编排规范标准，请作者参照网站上的论文模版格式。稿件形式上请遵循以下要求：

（1）来稿篇幅一般在 10000~20000 字。投稿应论点突出、方法科学、论据充足、逻辑清楚、语言简练。基金项目产出的论文应注明基金项目全称，并在圆括号内注明其项目编号。

（2）投稿应注明作者署名，并附作者简介，包括姓名、出生年月（1980 年×月生）、性别、民族（汉族可省略）、籍贯（如江苏省××市/县人）、职称、学历、研究方向、具体工作单位、邮编、通讯地址、电话、E-mail 等。以上内容请单列在一个页面上。

（3）题名应简明、具体、确切，能概括文章的要旨，一般不超过 20 个字，必要时可加副标题。全文标题的层次要分明，节段的序号用一、（一）、1.、（1）表示。

（4）请用中英文两种文字标明文章题目、作者单位、姓名（用汉语拼音）、摘要、关键词。摘要应详细说明论文的研究目的、采用的方法、结果、结论和创新之处。摘要应以提供内容梗概为目的，不加评论和补充解释，简明、确切地记述论文重要内容。不能写成论文的提纲和引言，不要出现"本文""文章"等字样。具有独立性和自含性，一般不超过 300 字。关键词是反映论文主体概念的专有名词或词组，一般应选 3~8 个。

（5）论文的开始应有本论题的研究成果综述，指出本文的创新点是什么。

（6）稿件推荐采用 Word 文档格式，中文字体采用宋体，西文字体采用 Times New Ro-man。其中，文章标题采用 3 号黑体，一、二级标题分别用 4 号黑体（居中）和小 4 号黑体，正文字号为 5 号宋体，行距为单倍行距，图、表中的字号用小 5 号宋体（表题、图题小 5 号黑体，居中）；中英文摘要 5 号字体，注释是对文章篇名、作者及文内某一特定内容的进一步解释和补充，注释序号用带圆括号的阿拉伯数字表示。参考文献采用小五号字体。

（7）参考文献请按引用顺序编号附于正文之后，并在文中进行一一实引；正文中采用

"作者+年代"形式。各种文献的著录信息必须完整，外文文献的作者姓名著录格式参照中文相应文献的著录格式（姓在前、名在后，姓不缩写，名可以缩写，例如，"ALBERT（名）EINSTEIN（姓）"应写为"Einstein A"）。

（8）文献类型标志代码：普通图书—M；期刊—J；报纸—N；会议录—C；汇编—G；学位论文—D；报告—R；电子公告—EB；标准—S；专利—P；数据库—DB；计算机程序—CP；联机网络—OL；光盘—CD。

参考文献要素要齐全。具体示例如下：

[1] 李晓东，张庆红，叶瑾琳 . 气候学研究的若干理论问题 [J] . 北京大学学报（自然科学版），1999，35（1）：101-106.

[2] Alexander N, Myers H. European Retail Expansion in South East Asia [J]. European Business Review, 1999, 34（2）：45-50.

[3] 马龙龙 . 流通产业组织 [M] . 北京：清华大学出版社，2006：60-61.

[4] Alexander N. International Retailing [M]. Oxford：Blackwell Business, 1997：23-26.

[5] 胡平 . 论企业文化 [N] . 杭州日报，2003-02-25（12）.

[6] 张志祥 . 间断动力系统的随机扰动及其在守恒律方程中的应用 [D] . 北京：北京大学数学学院，1998：55-59.

[7] 辛希孟 . 信息技术与信息服务国际研讨会论文集：A 集 [C] . 北京：中国社会科学出版社，1994：251-265.

[8] 王斌 . 信息技术与信息服务 [M] // 许厚泽，赵其国 . 信息技术与应用 . 北京：中国社会科学出版社，1998：121-140.

[9] 钟文发 . 非线性规划在可燃毒物配置中的应用 [C] // 赵玮 . 运筹学的理论与应用：中国运筹学会第五届大会论文集 . 西安：西安电子科技大学出版社，1996：468-471.

[10] Weinstein L, Swertz M N. Pathogenic Properties of Invading Microorganism [M] // Sodeman W A, Sodeman W A. Pathologic Physiology：Mechanisms of Disease. Philadelphia：Saunders, 1974：745-772.

[11] 冯西桥 . 核反应堆压力管道与压力容器的 LBB 分析 [R] . 北京：清华大学核能技术设计研究院，1997.

[12] 江向东 . 互联网环境下的信息处理与图书管理系统解决方案 [J/OL] . 情报学报，1999，18（2）：4 [2000-01-18]. http：//www. chinainfo. gov. cn/periodical/gbxb/gbxb99/gbxb990203.

[13] 奚纪荣 . 武略文涛 [M/OL] . 上海：汉语大词典出版社，2001：13 [2006-01-25]. http：//testserv- er. lib. pku. edu. cn：918/detil？.

[14] 方舟子 . 学术评价有新招 [N/OL] . 中国青年报，2006-01-11（9）.（2006-01-11）[2006-03-02]. http：//scitech. people. com. cn/GB/1057/4017988. html.

[15] 萧钰 . 出版业信息化迈入快车道 [EB/OL] .（2001-12-19）[2002-04-15]. http：//www. Book- tide. com/news/20011219/200112190019. html.

欢迎新老作者积极为本刊赐稿。

编辑部地址：南京市鼓楼区铁路北街 128 号南京财经大学 31 号信箱

邮政编码：210003

联系人：赵霞；刘婷

联系电话：025-83494738；025-83495947

电子邮件：lsjjyjjk@ 163. com

本刊充分尊重作者的观点，但是有权修改或删节。不同意删改者请投稿时注明。请勿一稿多投，来稿不退，请自留底稿。三个月未见任何通知，作者可自行处理。稿件一经采用，即按规定邮寄稿酬，并赠送样刊两册。

另外，请将论文发表后的反响情况，如被转载、摘登、决策采用、获奖等情况及时告知我刊，我刊表示衷心的感谢！

《粮食经济研究》编辑部

图书在版编目（CIP）数据

粮食经济研究 . 2023 年 . 第 2 辑/赵霞主编 . —北京：经济管理出版社，2024.1
ISBN 978-7-5096-9593-7

Ⅰ.①粮… Ⅱ.①赵… Ⅲ.①粮食问题—研究—中国 Ⅳ.①F326.11

中国国家版本馆 CIP 数据核字（2024）第 036031 号

组稿编辑：陆雅丽
责任编辑：杜　菲
责任印制：许　艳
责任校对：张晓燕

出版发行：经济管理出版社
　　　　　（北京市海淀区北蜂窝 8 号中雅大厦 A 座 11 层　100038）
网　　址：www. E-mp. com. cn
电　　话：（010）51915602
印　　刷：唐山昊达印刷有限公司
经　　销：新华书店
开　　本：787mm×1092mm/16
印　　张：8. 5
字　　数：213 千字
版　　次：2024 年 3 月第 1 版　2024 年 3 月第 1 次印刷
书　　号：ISBN 978-7-5096-9593-7
定　　价：78. 00 元